JAN-PHILIPP CLEUSTERS

DAS JÜNGSTE KOCHBUCH
ALLER ZEITEN

F***, IT'S EASY

FOTOS **JUSTYNA KRZYŻANOWSKA**

DAS JÜNGSTE KOCHBUCH
ALLER ZEITEN

F*, IT'S EASY**

JAN-PHILIPP CLEUSTERS gilt mit 23 Jahren als der jüngste Starkoch Deutschlands. In Münster geboren, hat er bereits früh mit dem Kochen begonnen. Seine Ausbildung absolvierte er im 5-Sterne-Luxusresort „Söl'ring Hof" bei Johannes King auf Sylt sowie im Sterne-Restaurant „Le Canard nouveau" in Hamburg.

Jan-Philipp Cleusters ist aktuell der neue Shootingstar am TV-Kochhimmel. Er verleiht dem Thema „Kochen" ein rockiges und modernes Gesicht. Und: Er bietet bereits eine Vielzahl eigener Produkte an, unter anderem eine Gerichtelinie, die „Jan-Philipp Cleusters Premium Meals", auch bekannt als „jüngste Gerichtelinie aller Zeiten" (jpc-meals.com), sowie eine Gewürzlinie. Dieses Konzept trifft nicht nur bei jungen Zielgruppen auf Zuspruch.

Mehr Informationen zu Jan-Philipp Cleusters gibt es unter www.jpc.com.de.

6
VORWORT

14
STARTERS 'N' SNACKS

FÜR DEN KLEINEN HUNGER

38
HANDMADE-BURGER 'N' CO.

SELBST GEMACHT SCHMECKT'S
DOCH AM BESTEN

62
GRANDMA'S CLASSICS

GANZ WIE BEI OMA

88
SHAPE FOOD

TOP ESSEN UND TOP AUSSEHEN

116
WG-FOOD

DAMIT ALLE SATT WERDEN

138
LOVE FOOD

GERICHTE ZUM VERFÜHREN

166
SWEETS 'N' DRINKS

SÜSSE SÜNDEN UND
KÜHLE VERSUCHUNGEN

188
ANHANG

VORWORT

Koch zu sein, ist für mich nach wie vor der schönste Beruf auf der Welt. Trotzdem erscheinen mir Rezepte für den Alltag oft zu kompliziert. Dann will ich einfach nur kochen, ohne genaues Messen und Abwiegen.

Oft wirken Rezepte zu aufwendig, die Zutatenlisten zu exotisch – vom benötigten Equipment mal ganz abgesehen. Aus meinem Bekanntenkreis und von meinen Auftritten weiß ich, dass gerade die Genauigkeit der Mengenangaben viele davon abhält, spontan und frisch zu kochen. Aber damit ist nun Schluss! Denn jetzt ist es fertig: mein erstes Kochbuch, „Das jüngste Kochbuch aller Zeiten".

Das Paradoxe daran: Gerade weil es so einfach werden sollte, war die Rezeptentwicklung für dieses Buch alles andere als einfach – es war intensive Arbeit.

F***, IT'S EASY, JEDER KANN EINFACH KOCHEN!

Ab sofort gilt: Vergiss Mengenangaben, Maßeinheiten, Waagen und penible Genauigkeit! Wir kochen easy mit Gefühl und schnell mit Augenmaß. Natürlich klappt Freestylen in der Küche nicht einfach von selbst, aber ich habe für dich die passenden Rezepte entwickelt und in diesem Buch gesammelt.

DIE DEVISE DABEI: JUNG, PRAKTISCH, COOL!

Du findest hier Kitchen Quickies, die in 10 Minuten fertig sind, Rezepte, die man als WG, mit Freunden oder to go zubereiten kann. Du findest aber auch Klassiker, wie deine Oma sie gekocht hat, selbst gemachte Burger, die jeden gekauften Burger schwach aussehen lassen, und du findest echtes Love Food. Liebe geht eben auch bei meinen Rezepten durch den Magen. Und jetzt viel Spaß mit dem jüngsten Kochbuch aller Zeiten. Have fun! Lass es dir schmecken!

Jan-P. Cleusters

FREESTYLE KOCHEN
DAS JPC-PRINZIP

Klassische Maßangaben und das permanente Abwiegen von Zutaten haben mich schon immer genervt. Ich koche lieber „freihändig" oder „aus der Hüfte".

Also habe ich meinen eigenen Way of Cooking entwickelt. Alle Rezepte in diesem Buch funktionieren ohne Waage und ohne Messbecher – und gelingen auch dir garantiert.

UND DESHALB IST ES JÜNGER, PRAKTISCHER UND COOLER.

Alles, was du brauchst: einen handelsüblichen Kaffeebecher à ca. 250 ml wie oben auf dem Foto, den wirklich jeder zu Hause hat. Und deine Hände. Mehr nicht. Die neue Einheit für flüssige Zutaten ist ein Becher und für feste Zutaten eine Handvoll.

Auch bei den Zutaten bleiben wir entspannt. Du musst weder elendig lange Einkaufslisten schreiben und von Supermarkt zu Supermarkt rennen noch einen Feinkostladen für subtropische Früchte suchen. Alle Zutaten, die du für meine Rezepte benötigst, findest du im Supermarkt bei dir um die Ecke.

Ich bevorzuge es, mit frischen Lebensmitteln zu kochen. Aber manchmal muss es einfach schnell gehen. Deshalb findest du in meinem Buch viele Kitchen-Quickie-Rezepte, die du innerhalb von 10 Minuten kochen kannst. Du wirst schnell merken, dass diese unkomplizierte Art zu kochen, mehr Spaß macht und verdammt gut schmeckt!

WILLKOMMEN IN DER NEUEN GENERATION KOCHEN!

WARUM SOLL ICH SELBST KOCHEN?

ES GIBT VIELE GUTE GRÜNDE, SELBST ZU KOCHEN — HIER MEINE LUCKY 7!

1. ES MACHT SPASS UND IST GESELLIG!

Die besten Partys finden in der Küche statt! Wenn du mit Freunden kochst, ist ein lustiger Abend einfach vorprogrammiert. Und das Beste: Viele Rezepte eignen sich zum gemeinsamen Kochen, deshalb musst du als Gastgeber den Abend nicht allein in der Küche verbringen.

2. KOCHEN IST VERFÜHRERISCH!

Egal, ob beim ersten Date oder nach fünf Jahren Beziehung: Liebe geht durch den Magen! Wenn du dich also gut am Herd schlägst, kannst du sie oder ihn vielleicht sanft „rumkochen". Damit du dabei eine gute Figur machst, findest du in meinem Buch tolle Love-Food-Rezepte.

3. DU BIST, WAS DU ISST?

Stimmt zumindest teilweise. Wer selbst kocht, entscheidet auch selbst, was er seinem Körper zuführt. So wirst du unabhängig von dem ganzen ewig haltbaren, getunten Industriefraß und dem fetttriefenden Zeug aus Fast-Food–Ketten und tust deinem Körper damit etwas richtig Gutes, denn frisch kochen ist in jedem Fall gesünder.

4. ES SPART ZEIT UND GELD!

Sind wir doch ehrlich: Von einem Döner wirst du nur kurzfristig satt – und deshalb bezahlst du langfristig mehr Geld.

5. DEINE ERNÄHRUNG BLEIBT ABWECHSLUNGSREICH UND SPANNEND!

Ich finde, dass es einfach mehr Spaß macht, selbst immer wieder etwas anderes zu kochen und dabei Neues zu entdecken, als immer nur zwischen Döner, Pizza, Currywurst und Pommes zu rotieren.

6. HAST DU SCHON MAL ETWAS VON „BRAINFOOD" GEHÖRT?

Damit ist tatsächlich die Nahrung für unser Gehirn gemeint. Denn mit den richtigen Lebensmitteln bringst du auch deine letzten grauen Zellen wieder auf Trab und kommst damit fit durchs Studium oder durch den Alltag.

7. EINS STEHT FEST: KOCHEN IST UND BLEIBT KULT!

Ist dir schon mal aufgefallen, wie viele Food-Blogs und soziale Netzwerke zum Thema „Kochen" in den vergangenen Jahren durch die Decke geschossen sind? Selbst zu kochen ist im Trend. Unzählige Fotos von ausgefallenen Kochkreationen überschwemmen momentan das Internet. Echtes Food Porn eben. Mit diesem Buch wirst auch du zum Foodie!

» **ALSO RAN AN DIE TÖPFE UND TRAU DICH MAL WAS!**

DIE 10 GEBOTE, UM SOFORT LOSZULEGEN

1. FREU DICH AUFS KOCHEN!

Denn nur wenn du Lust aufs Kochen hast, klappt es auch.

2. KAUFE IMMER FRISCH EIN!

Weil frische Lebensmittel einfach so viel besser schmecken und man mit ihnen sofort starten kann, ohne dass sie erst mal auftauen müssen.

3. SEI OFFEN UND TRAU DICH, NEUE LEBENSMITTEL UND GEWÜRZE AUSZUPROBIEREN!

Kein Einheitsbrei mehr à la Maggi, Miracoli und Co. Du weißt nicht, was zusammenpasst und gut schmeckt? Trau dich – und du erfährst auch endlich mal absolut neue Geschmackserlebnisse!

4. SCHAFFE ARBEITSFLÄCHE!

Gerade, wenn deine Küche klein ist: Schaffe dir Platz, um vernünftig arbeiten zu können.

5. LIES DIR DAS REZEPT DURCH!

Und zwar vorher – bis zum Ende. Am besten mehrfach. So vergisst du nichts und kannst auch nichts falsch machen.

6. LEGE DIE KOCHUTENSILIEN BEREIT!

Das erleichtert dir die Arbeit und erspart dir hektisches Suchen während des Kochens.

EINLEITUNG

7. BEREITE ALLE LEBENSMITTEL VOR!

Was muss mariniert werden? Was muss geschnibbelt werden? Viele Lebensmittel lassen sich schon vor dem Kochen gut vorbereiten, sodass du sie später nur noch in die Pfanne schmeißen musst.

8. ACHTE AUF PARALLELE ARBEITSSCHRITTE, UM ZEIT ZU SPAREN!

Während beispielsweise das Nudelwasser kocht, kannst du schon die nächsten Schritte im Rezept angehen.

9. DIE KÜCHE IST KEIN SCHLACHTFELD – RÄUME SCHON WÄHREND DES KOCHENS AUF!

Alle Kochutensilien, die du nicht mehr benötigst, kannst du schon mal in die Spülmaschine räumen oder abwaschen. Dann ist das Aufräumen nach dem Essen nur noch halb so schlimm.

10. NIMM DIR VIEL ZEIT, UM DEIN GEILES ESSEN ZU GENIESSEN!

Dein Essen kann nur richtig gut schmecken, wenn du es bewusst zu dir nimmst. Also mache es dir gemütlich und genieße jeden Bissen!

EINLEITUNG

STARTERS 'N' SNACKS

FÜR DEN KLEINEN HUNGER

Wir kennen doch alle dieses leichte Zwicken im Magen, bei dem wir immer nicht recht wissen, was wir essen sollen, ohne direkt den Kochlöffel schwingen zu müssen. Eine einfache Scheibe Brot mit Käse ist uns aber meistens auch zu öde. Deshalb stelle ich dir in diesem Kapitel meine Snackfavoriten vor. Daneben findest du Starter, die jedes Essen perfekt eröffnen.

MANGO-CARPACCIO MIT SERRANOSCHINKEN

🕒 10-MINUTEN-KITCHEN-QUICKIE

❶ Die **Mango** schälen, hochkant stellen und mit einem scharfen Messer links und rechts entlang des Kerns die Fruchtfilets abschneiden. Fruchtfilets der Länge nach in hauchdünne Scheiben schneiden. Den **Serranoschinken** in mundgerechte Stücke zupfen. **❷** In einer Schüssel das **Olivenöl** mit **Weißweinessig** verrühren und mit **Meersalz** würzen. **❸** Die Hälfte des Schinkens gleichmäßig auf zwei Tellern verteilen und darauf die Mangoscheiben anrichten. Mit dem Dressing beträufeln und den Rest des Schinkens dekorativ darauf anrichten. **❹** Mit wenigen **rosa Beeren** garnieren.

FÜR 2 PERSONEN

1 kleine Mango
3–4 Scheiben hauchdünn geschnittener Serranoschinken
1 EL Olivenöl
1 TL Weißweinessig
etwas Meersalz
wenige rosa Beeren

---*Tipp*---

Beim Kaufen der Mangos solltest du stets darauf achten, dass sich das Fruchtfleisch leicht eindrücken lässt. Dann hat die Mango den perfekten Reifegrad und schmeckt wunderbar aromatisch-süß. Finger weg von harten Früchten, auch wenn sie im Angebot sind!

CURRYLINSEN MIT GEBRATENEN GARNELEN

🕐 25 MINUTEN

FÜR 2 PERSONEN

5 Stiele Mangold
½ rote Paprikaschote
1 kleine Zwiebel
1 Knoblauchzehe
1 daumenkuppengroßes Stück Ingwer
etwas Olivenöl
¾ Becher Rinderbrühe
2 EL geschälte gelbe Linsen
etwas Kurkuma
etwas gelbes Currypulver
etwas Meersalz
etwas Pfeffer
frisch gepresster Saft von ½ Limette
10 frische Garnelen
3 Korianderstängel

❶ Den **Mangold** putzen, die Stiele von den Blättern abtrennen, die Blätter waschen und der Länge nach halbieren. Die **Paprikaschote** waschen, den Stiel entfernen, die Schote halbieren und Samen und Scheidewände entfernen. Paprika fein würfeln. **Zwiebel, Knoblauch** und **Ingwer** schälen und fein hacken. ❷ 1 EL **Olivenöl** in einem kleinen Topf erhitzen und Mangoldblätter, Zwiebel, Knoblauch und Paprika darin bei mittlerer Hitze kurz anschwitzen. Dann die **Rinderbrühe** aufgießen. ❸ **Linsen, Kurkuma, Curry** und Ingwer hinzugeben und das Ganze 8–10 Minuten bei schwacher Hitze köcheln lassen, bis die Linsen gar sind. Mit **Meersalz** und **Pfeffer** würzen und mit etwas **Limettensaft** abschmecken. Der Limettensaft gibt den Linsen eine unglaubliche Frische. ❹ Die Schale und den Darm der **Garnelen** entfernen, die Garnelen unter fließendem kaltem Wasser abspülen und anschließend mit Küchenpapier trocken tupfen. Auf einen Teller geben, mit etwas **Olivenöl** und **Limettensaft** marinieren und mit **Meersalz** und **Pfeffer** würzen. Eine Pfanne erhitzen und die Garnelen darin bei voller Hitze von jeder Seite scharf anbraten. ❺ In der Zwischenzeit die **Korianderblättchen** von den Stängeln zupfen, kurz abspülen und mit Küchenpapier trocken tupfen. ❻ Die Linsenmischung erneut kurz erhitzen, dann in der Mitte des Tellers platzieren und die Garnelen darauf anrichten. Das Ganze mit frischem Koriander garnieren.

Tipp

Mit frisch gehobeltem Parmesan schmeckt dieses Gericht ganz einzigartig, denn Parmesan harmoniert hervorragend mit Linsen.

STARTERS 'N' SNACKS

AVOCADO-GRAPEFRUIT-SALAT MIT BASILIKUM

🕐 15 MINUTEN   **VEGAN**

❶ Grapefruit schälen, dazu oben und unten eine dünne Scheibe abschneiden und die Grapefruitschale dünn abschälen. Falls nötig, von überschüssigen weißen Häutchen entfernen, sodass ausschließlich das Fruchtfleisch übrig ist. **❷** Zum Filetieren der Grapefruit nach und nach jedes Fruchtsegment direkt an den beiden dünnen Trennhäuten einschneiden und das Fruchtfilet auslösen. Den dabei austretenden Saft in einer Schüssel auffangen. Die übrigen Häute über der Schüssel gut ausdrücken. **❸ Avocado** längs halbieren, die Hälften durch eine Drehung voneinander trennen, entkernen, schälen und das Fruchtfleisch in ca. 0,5 cm große Würfel schneiden. In eine zweite Schüssel geben und beiseitestellen. Etwas **Zitronensaft** darüberträufeln. **❹** Die **Chilischote** waschen und je nach gewünschtem Schärfegrad Samen und Scheidewände entfernen. Die Schote fein hacken und unter die Avocadowürfel mischen. **❺** Für die Vinaigrette das **Basilikum** waschen, mit Küchenpapier trocken tupfen, die Blätter abzupfen und zwei Stück für die Garnitur beiseitelegen. Basilikum mit **Olivenöl,** etwas **Zitronensaft, Meersalz, Pfeffer, Zucker** und 1 EL Grapefruitsaft mit dem Pürierstab zu einer cremigen Vinaigrette verquirlen. **❻** Die Vinaigrette unter die Avocadowürfel heben und vorsichtig durchmengen. Den Avocado-Grapefruit-Salat bevorzugt in Einmachgläsern anrichten, so kommen die knalligen Farben besonders gut zu Geltung. Dazu abwechselnd aromatisierte Avocadowürfel und Grapefruitfilets in die Gläser geben, bis der Inhalt beider Schüsseln aufgebraucht ist. Mit Basilikumblättern garnieren.

FÜR 2 PERSONEN

1 Grapefruit
1 Avocado
etwas frisch gepresster
Saft von 1 Zitrone
1 kleine rote Chilischote

Für die Vinaigrette

3 Basilikumstängel
2 EL Olivenöl
etwas frisch gepresster
Saft von 1 Zitrone
etwas Meersalz
etwas Pfeffer
1 Prise Zucker

Tipp

Beim Kaufen der Avocados solltest du darauf achten, dass du diese leicht eindrücken kannst, denn nur so kannst du sie verarbeiten und sie schmecken auch wirklich gut. Finger weg von harten Avocados!

STARTERS 'N' SNACKS

POWER-SNACK MIT EI UND SCHINKEN

🕐 15 MINUTEN

FÜR 2 PERSONEN

4 Scheiben Vollkornbrot
1 EL neutrales Pflanzenöl
2 Eier
etwas Meersalz
etwas Pfeffer
etwas Butter
2 Scheiben Kochschinken
2 Scheiben Gouda

Für den Dip

4 EL Mayonnaise
2 EL Naturjoghurt
etwas Schnittlauch
etwas Meersalz
1 Msp. geräuchertes Paprikapulver
etwas frisch gepresster
Saft von 1 Zitrone

❶ Für den Dip **Mayonnaise** und **Joghurt** in einer Schüssel vermengen. Den **Schnittlauch** waschen, trocken schütteln, in sehr feine Röllchen schneiden und zum Dip geben. Mit **Meersalz** und **Paprikapulver** würzen sowie mit ein wenig **Zitronensaft** abschmecken. Dann die **Vollkornbrote** toasten. **❷** In der Zwischenzeit eine Pfanne mit etwas **Pflanzenöl** erhitzen, die beiden **Eier** hineinschlagen und daraus zwei Spiegeleier braten. Am besten gelingt das bei mittlerer Hitze. Die Spiegeleier mit **Meersalz** und **Pfeffer** würzen. **❸** Nun die Vollkornbrote mit **Butter** bestreichen und den Dip großzügig auf allen Broten verteilen. Anschließend zwei Brote gleichmäßig zuerst mit **Kochschinken,** dann mit **Gouda** belegen. Je ein Spiegelei pro Brot daraufgeben und mit den übrigen Brotscheiben abschließen. Den Power-Snack halbieren und genießen.

PUTENBRUST-WRAP MIT AJWAR

🕐 15 MINUTEN

1 Die **Tortillas** zunächst mit **Butter,** anschließend mit **Ajwar** bestreichen. Die halbe **Mango** mit einem Sparschäler schälen und Fruchtfilets seitlich vom Kern schneiden. Die Fruchtfilets wiederum der Länge nach in hauchdünne Scheiben schneiden. Die **Schalotte** schälen und in feine Ringe schneiden. **2** Nun die Tortillas zuerst gleichmäßig mit **Putenbrust-,** dann mit Mangoscheiben belegen. **Rucola** putzen, waschen und trocken schleudern. In eine Schüssel geben, die Schalottenringe zufügen und mit etwas **Olivenöl** beträufeln. Mit **Meersalz** und **Pfeffer** würzen sowie mit **Zitronensaft** abschmecken. **3** Den Rucolasalat auf den Mangoscheiben verteilen und die **Erdnüsse** darüberstreuen. Die Wraps einrollen und schräg halbieren.

FÜR 2 PERSONEN

2 Tortillas
etwas Butter
1 EL milder Ajwar
½ Mango
1 Schalotte
6 Scheiben Putenbrust
1 Handvoll Rucola
etwas Olivenöl
etwas Meersalz
etwas Pfeffer
etwas frisch gepresster
Saft von 1 Zitrone
2 EL geröstete und
gesalzene Erdnüsse

STARTERS 'N' SNACKS

HANDMADE-KÜRBIS-TORTILLA

VEGGIE 🕒 20 MINUTEN PLUS 20 MINUTEN BACKZEIT

FÜR 2 PERSONEN

1 kleiner Hokkaidokürbis
1 Zwiebel
1 kleine grüne Paprikaschote
3 Petersilienstängel
2 EL Olivenöl
etwas Meersalz
etwas Pfeffer
4 Eier
½ Becher Milch
1 Handvoll geriebener Manchego
1 Msp. edelsüßes Paprikapulver

1 **Kürbis** waschen und längs halbieren. Die Kerne und Fasern lassen sich am einfachsten mithilfe eines Esslöffels entfernen. Die Kürbishälften in Spalten schneiden und diese wiederum in 1 cm große Würfel schneiden. **2** **Zwiebel** schälen und fein würfeln. **Paprikaschote** waschen, den Stiel entfernen, die Schote vierteln und Samen und Scheidewände entfernen. Die Schote in feine Streifen schneiden. Die **Petersilie** waschen, mit Küchenpapier trocken tupfen, die Blättchen abzupfen und fein hacken. **3** Den Backofen auf 180 °C Umluft (200 °C Ober-/Unterhitze) vorheizen. Eine große beschichtete, ofenfeste Pfanne mit dem **Olivenöl** erhitzen und die Kürbiswürfel darin unter gelegentlichem Wenden bei mittlerer bis starker Hitze 3–4 Minuten braten. Zwiebeln und Paprika zugeben und weitere 5–8 Minuten braten. Mit **Meersalz** und **Pfeffer** würzen. **4** In der Zwischenzeit **Eier, Milch, Käse** und Petersilie miteinander verquirlen. Mit **Meersalz, Pfeffer** und **Paprikapulver** würzen. Die Eiermilch über das Gemüse geben und im heißen Ofen auf der mittleren Schiene 15–20 Minuten stocken lassen. **5** Das Omelett aus dem Ofen nehmen und wenige Minuten ruhen lassen. Aus der Pfanne auf eine Platte stürzen und in Stücke schneiden.

Tipp

Dazu passt ein gemischter Salat mit einem Dressing aus etwas Olivenöl, Senf, wenig Zitronensaft, Meersalz und Pfeffer.

HANDMADE-FRÜHLINGSROLLEN

⏱ 20 MINUTEN PLUS 45 MINUTEN AUFTAUZEIT UND FRITTIERZEIT

VEGAN

FÜR 10 STÜCK

10 Blätter TK-Frühlingsrollenteig
1 Handvoll Weißkohl
etwas Meersalz
½ Stück Tofu (abgepackt)
1 kleines Stück Ingwer
1 Knoblauchzehe
1 EL neutrales Pflanzenöl plus 1 l zum Frittieren
2 Frühlingszwiebeln
1 Möhre
½ Stange Staudensellerie
2 EL Hoisin-Sauce
1 TL Speisestärke

---

① Den **Frühlingsrollenteig** mit einem feuchten Tuch abdecken und 30–45 Minuten auftauen lassen. **②** In der Zwischenzeit den Strunk vom **Weißkohl** entfernen und den Kohl sehr fein hobeln. In einer Schüssel mit **Meersalz** vermischen und 3 Minuten kräftig mit den Händen durchkneten. Den **Tofu** in 1 cm große Würfel schneiden. **Ingwer** und **Knoblauch** schälen und beides fein hacken. **③** Eine Pfanne mit 1 EL **Öl** erhitzen und den Tofu darin bei mittlerer Hitze 3–4 Minuten von allen Seiten goldbraun anbraten. Ingwer und Knoblauch hinzugeben und mitbraten. Dann herausnehmen und wenige Minuten auf einem Teller abkühlen lassen. **④** Die **Frühlingszwiebeln** putzen, waschen und in feine Ringe schneiden. Die **Möhre** schälen, die Enden dünn abschneiden, Möhren quer halbieren und längs in feine Streifen schneiden. Den **Sellerie** putzen, waschen, quer dritteln und längs in feine Streifen schneiden. Den Kohl gut ausdrücken und mit Tofu, Frühlingszwiebeln, Möhre, Sellerie und **Hoisin-Sauce** mischen. **⑤** Die **Stärke** mit 1 TL kaltem Wasser verrühren. Die Teigblätter nebeneinanderlegen und die Ränder mit der Stärkemischung einstreichen. Je 1 EL Füllung auf das untere Drittel eines Teigblattes geben. Die freien Teigränder von links und rechts über die Füllung schlagen und die Rolle von der Längsseite her eng aufrollen. Die Teigenden gut andrücken. **⑥** Das **Frittieröl** in einem hohen Topf auf 180 °C erhitzen. Um zu überprüfen, ob das Öl heiß genug ist, hilft ein Holzspieß. Bilden sich daran Blasen, wenn man diesen zu einem Drittel in das heiße Öl hält, hat es die richtige Temperatur zum Frittieren. **⑦** Die Rollen portionsweise im heißen Öl etwa 3 Minuten goldbraun frittieren, anschließend mit einer Schaumkelle auf einen mit Küchenpapier ausgelegten Teller geben und überschüssiges Fett abtropfen lassen.

Tipp

Serviere die Frühlingsrollen mit Chilisauce, das ist die beste Kombination, die es gibt!

STARTERS 'N' SNACKS

SCHNELLES KÄSE-SANDWICH

<u>VEGGIE</u>   🕒 10-MINUTEN-KITCHEN-QUICKIE

FÜR 2 SANDWICHES
1 Möhre
6 Scheiben Allgäuer Emmentaler
3 Walnusskerne
3 Kerbelstängel
1 Msp. mildes Currypulver
etwas Meersalz
4 Scheiben Sandwichtoast
etwas Butter

❶ Die **Möhre** schälen, die Enden dünn abschneiden und die Möhre fein reiben. Den **Emmentaler** ebenfalls fein reiben, die **Walnusskerne** fein hacken. **Kerbel** abbrausen, mit Küchenpapier trocken tupfen und die Blättchen von den Stielen zupfen. ❷ Alles in eine Schüssel geben, durchmengen und mit etwas **Curry** und **Meersalz** abschmecken. ❸ Die **Sandwichtoasts** toasten. Anschließend kurz auskühlen lassen und alle gleichmäßig mit **Butter** bestreichen. Die Möhren-Käse-Masse gleichmäßig auf zwei Toasts verteilen und jeweils eine zweite Scheibe darauflegen. ❹ Die Toasts diagonal halbieren und lauwarm servieren.

SCHINKEN-TORTILLA MIT SENF

⏱ 15 MINUTEN

1 Die **Tortillas** auf der Arbeitsfläche ausbreiten und gleichmäßig mit **Senf** bestreichen. Die **Senfkörner** in einer heißen Pfanne ohne Zugabe von Fett kurz rösten, bis sie zu springen beginnen. Dann abkühlen lassen und mit **saurer Sahne** mischen. **2** **Getrocknete Tomaten** fein hacken und dazugeben. Mit **Meersalz** und **Pfeffer** würzen. **3** Die Tortillas gleichmäßig mit dem Dip bestreichen und mit **Schinken** belegen. Einrollen, schräg halbieren und servieren.

FÜR 2 PERSONEN

2 Tortillas
2 EL mittelscharfer Senf
½ TL gelbe Senfkörner
3 EL saure Sahne
2 getrocknete Tomaten in Öl
etwas Meersalz
etwas Pfeffer
6 Scheiben Kochschinken

SANDWICH CAPRESE-STYLE

🕐 20 MINUTEN

FÜR 2 PERSONEN

2 Hähnchenbrustfilets
etwas Meersalz
etwas Pfeffer
etwas Olivenöl
2 EL Mayonnaise
1 EL Naturjoghurt
etwas frisch gepresster
Saft von 1 Zitrone
2 Korianderstängel
1 kleiner Römersalat
etwas Butter
1 gegarter Maiskolben
4 Scheiben Vollkorntoast
1 EL gehobelter Parmesan

❶ Hähnchenbrust abspülen, mit Küchenpapier trocken tupfen, mit **Meersalz** und **Pfeffer** würzen. Das **Olivenöl** in einer Pfanne erhitzen und das Fleisch von beiden Seiten wenige Minuten bei mittlerer Hitze durchbraten. ❷ In der Zwischenzeit **Mayonnaise, Joghurt,** etwas **Meersalz** und **Pfeffer** zu einem Dressing mixen. Mit **Zitronensaft** abschmecken. Den **Koriander** waschen, trocken tupfen, die Blättchen von den Stielen zupfen, fein hacken und zum Dressing geben. ❸ Das Fleisch auf einem Teller kurz abkühlen lassen und anschließend schräg in Streifen schneiden. **Salat** putzen, waschen, trocken schleudern und klein zupfen. ❹ 1 EL **Butter** in einer weiteren Pfanne erhitzen und den **Maiskolben** darin bei mäßiger Hitze von allen Seiten goldbraun anbraten. Zwischendurch wenden. Anschließend die Maiskörner mit einem scharfen Messer vom Kolben schneiden. Die **Vollkornbrote** toasten, danach kurz auskühlen lassen und alle mit **Butter** bestreichen. ❺ Den Salat mit dem Dressing marinieren und gleichmäßig auf zwei Broten verteilen. Mais und Hähnchen daraufgeben. Den **Parmesan** über das Hähnchen geben. ❻ Die beiden belegten Brote jeweils mit einer weiteren Brotscheibe abschließen. Die Sandwiches diagonal halbieren und gleich genießen.

SPINAT-KOKOS-SUPPE

⏱ 15 MINUTEN **VEGAN**

① Den **Spinat** putzen, waschen und grob zerkleinern. Die **Gemüsebrühe** in einem Topf aufkochen und den Spinat darin kurz blanchieren. **②** Die Hälfte der Spinatmenge herausnehmen und kurz in einer Schüssel mit Eiswasser abschrecken, so behält er seine krasse grüne Farbe. Wieder aus dem Eiswasser nehmen, trocken tupfen und fein hacken. **③** Die **Frühlingszwiebeln** putzen, den **Knoblauch** schälen und beides in sehr feine Würfel schneiden. Das **Kokosöl** in einem mittelgroßen Topf erhitzen. Frühlingszwiebeln und Knoblauch darin bei schwacher Hitze wenige Minuten farblos anschwitzen. **④** Den grob zerkleinerten Spinat mit der ganzen Blanchierbrühe zugeben, mit der **Kokosmilch** aufgießen und **salzen.** Erneut aufkochen lassen und die Suppe anschließend mit einem Pürierstab oder in der Küchenmaschine fein pürieren. Dann auch den gehackten Spinat hinzugeben. **⑤** Spinat-Kokos-Suppe in Gläsern anrichten und mit **Kokosraspeln** garnieren.

FÜR 2 PERSONEN
1 Handvoll Blattspinat
¼ Becher Gemüsebrühe
1–2 Frühlingszwiebeln
1 Knoblauchzehe
2 EL Kokosöl
½ Becher Kokosmilch
½ TL Meersalz
1 EL Kokosraspel

STARTERS 'N' SNACKS

HANDMADE-BURGER 'N' CO.

SELBST GEMACHT SCHMECKT'S DOCH AM BESTEN

Bye-bye, Fast-Food-Ketten und Imbisse! Jetzt wird selbst gekocht! Und zwar Burger, Wraps, Wedges, Currywurst und Co. Selbst gemacht sind diese Kaloriensünden auch gar nicht mal so ungesund – und schmecken dazu auch noch viel besser. Darüber hinaus sind sie im Handumdrehen gemacht.

HANDMADE-BURGERBRÖTCHEN

VEGGIE

⏱ 15 MINUTEN PLUS 2 STUNDEN 15 MINUTEN GEHZEIT UND 15 MINUTEN BACKZEIT

❶ Mehl mit **Meersalz** und ½ TL **Zucker** in einer Schüssel mischen und in die Mitte eine Mulde drücken. **Milch** lauwarm erhitzen und den übrigen Zucker unterrühren, dann die **Hefe** in die Milch bröseln und darin auflösen. **❷** Hefemilch in die Mulde gießen und abgedeckt an einem warmen Ort ca. 15 Minuten gehen lassen, bis sich kleine Blasen gebildet haben. **❸ Eier** trennen und die Eiweiße beiseitestellen. Eigelbe und **Butter** zum Vorteig in die Schüssel geben. Alles mit den Knethaken des elektrischen Rührgeräts zu einem glatten Teig verkneten. Abgedeckt an einem warmen Ort 1 Stunde 30 Minuten gehen lassen. **❹** Ein Backblech mit Backpapier auslegen. Den Hefeteig nochmals kräftig durchkneten und in sechs bis acht gleich große Stücke teilen. Die Stücke auf einer mit **Mehl** bestäubten Arbeitsfläche zu Kugeln formen und mit ausreichend Abstand auf das Backblech setzen. Die Teigkugeln mit wenig **Mehl** bestäuben und zugedeckt weitere 45 Minuten gehen lassen. **❺** Knapp 15 Minuten vor Ende der Gehzeit den Backofen auf 200 °C Ober-/Unterhitze vorheizen. **❻** Die Eiweiße mit 1 EL Wasser verquirlen, die Teigkugeln damit bestreichen und den **Sesam** daraufstreuen. **❼** Nun die Burgerbrötchen im heißen Ofen ca. 15 Minuten goldbraun backen, dann auf einem Kuchengitter auskühlen lassen.

FÜR 6–8 STÜCK

1 ½ Becher Mehl (Type 550) plus etwas für die Arbeitsfläche und zum Bestäuben
2 Prisen Meersalz
2 TL Zucker
2 Schuss Milch
½ Würfel Hefe
2 Eier
2 gestr. EL weiche Butter
2 TL Sesamsamen

HANDMADE-KETCHUP

VEGAN

⏱ 5 MINUTEN

❶ Strauchtomaten waschen, dann halbieren und den Stielansatz entfernen. Die **Datteln** ebenfalls halbieren, entsteinen und mit den Strauchtomaten in einen Standmixer geben. **❷** Den **Ingwer** schälen und sehr fein reiben. Die **Chilischote** waschen, Samen und Scheidewände entfernen und die Schote klein schneiden. **❸** Alles mit den **getrockneten Tomaten** in den Standmixer geben und zu einem feinen Ketchup verarbeiten. Alternativ kann man einen Mixbecher und einen Pürierstab verwenden, dann die Masse mit einem Schaber durch ein feines Sieb in eine Schüssel streichen. Mit **Meersalz** und **Essig** würzen.

FÜR 2–3 BURGER

2 Strauchtomaten
2 Datteln
1 daumenkuppendickes Stück Ingwer
½ rote Chilischote
5 getrocknete Tomaten in Öl
etwas Meersalz
einige Spritzer Apfelessig

CLASSIC BEEFBURGER

🕒 30 MINUTEN PLUS 30 MINUTEN KÜHLZEIT

FÜR 2 BURGER

1 Handvoll sehr gutes Rinderhackfleisch
etwas Meersalz
etwas Pfeffer
1 rote Zwiebel
1 Handvoll Wildkräutersalat
1 Fleischtomate
2 Burgerbrötchen (siehe Seite 41)
1 TL neutrales Pflanzenöl
4 EL mittelscharfer Dijon-Senf
etwas Aceto balsamico
2 EL Olivenöl
etwas frisch gepresster Saft von 1 Zitrone
4 EL gehobelter Parmesan

Dazu empfehle ich Pommes aus Süßkartoffeln oder alternativ Rosmarin-Wedges mit einem fruchtig-leichten Mangochutney.

❶ Für die Burgerpatties das **Rinderhack** mit **Meersalz** und **Pfeffer** würzen und sehr gut durchmischen. Dann die Hackmasse mit leicht angefeuchteten Händen zu zwei flachen Fleischküchlein formen, die minimal größer als die Burgerbrötchen sein sollten. Die Patties auf ein mit Backpapier belegtes Brett legen und mit Frischhaltefolie abgedeckt 30 Minuten in den Kühlschrank stellen. **❷** In der Zwischenzeit die Beläge für die Burger vorbereiten. Dazu die **Zwiebel** schälen und die Enden dünn abschneiden. Zwiebel in feine Ringe schneiden und beiseitestellen. Den **Wildkräutersalat** waschen, trocken schleudern und ebenfalls beiseitestellen. Die **Fleischtomate** waschen, trocken tupfen, den Strunk entfernen, die Tomate in Scheiben schneiden und beiseitestellen. Den Backofen auf 180 °C Umluft (160 °C Ober-/Unterhitze) vorheizen. **❸ Burgerbrötchen** etwa 8 Minuten im Ofen erhitzen, sodass sie beim Anrichten eine krosse Oberfläche haben. Alternativ ist ein Toaster oder ein Salamander bestens geeignet: Damit die Burgerbrötchen von beiden Seiten jeweils 2–3 Minuten erhitzen. **❹** In der Zwischenzeit **Pflanzenöl** in einer Pfanne erhitzen und die Patties darin bei starker Hitze anbraten, bis eine dunkle, gleichmäßige Bräunung erkennbar ist. Nach 2–3 Minuten je nach Farbgebung die Patties wenden und von der anderen Seite erneut 2–3 Minuten anbraten, bis dieselbe Bräunung erkennbar ist. Die Patties sollten medium-rare gebraten werden, im Kern rosa durchzogen. **❺** Jetzt die Burgerbrötchen aufschneiden und beide Hälften mit dem **Senf** bestreichen. **❻** Den Wildkräutersalat in eine Schüssel geben und mit **Aceto balsamico** und **Olivenöl** marinieren. Mit **Meersalz** würzen und mit **Zitronensaft** abschmecken. Tomatenscheiben, Zwiebeln und **Parmesan** hinzugeben und mitmarinieren. **❼** Wildkräutersalat mit den Tomaten auf den unteren Hälften der Burgerbrötchen anrichten, darauf die Burgerpatties platzieren. Mit den Deckeln der Burgerbrötchen abschließen und gleich servieren.

VEGGIEBURGER MIT GRILLGEMÜSE

🕐 25 MINUTEN

VEGAN

❶ **Aubergine, Paprika, Zucchini, Rosmarin** und **Rucola** waschen und trocken tupfen bzw. schleudern. Die Aubergine in ca. 0,5 cm breite Scheiben schneiden. Mit etwas **Meersalz** bestreuen und 10 Minuten ziehen lassen, anschließend trocken tupfen. Die Paprika waschen, halbieren und Stiel, Samen und Scheidewände entfernen. Dann die Schoten in breite Streifen schneiden. Die Zucchini in ca. 0,5 cm breite Scheiben schneiden. ❷ Sämtliches Gemüse in 1 EL **Olivenöl** marinieren und in eine Grillschale geben. Die Rosmarinnadeln vom Zweig streifen und sehr fein hacken. Mit **Aceto balsamico** und etwas **Meersalz** mischen und beiseitestellen. ❸ Für die Joghurt-Knoblauch-Sauce die **Knoblauchzehe** schälen und reiben. Mit **Sojajoghurt** und **Olivenöl** zu einer homogenen cremigen Masse verrühren. Mit **Meersalz** und **Pfeffer** würzen. ❹ Den **Tofu** halbieren, trocken tupfen und auf allen Seiten mit 2 EL **Olivenöl** einpinseln. Die **Brötchen** aufschneiden und auf dem heißen Grill oder in einer Pfanne unter Zugabe von etwas **neutralem Öl** rösten. ❺ Die Grillschale mit dem Gemüse sowie den Tofu auf den Grill legen. Den Tofu 3–4 Minuten auf jeder Seite grillen, das Gemüse etwa 8 Minuten grillen und zwischendurch wenden. ❻ Die unteren Brötchenhälften mit der Joghurt-Knoblauch-Sauce bestreichen. Den Rucola in einer Schüssel mit 1 EL **Olivenöl** marinieren. Mit **Meersalz** und **Pfeffer** würzen sowie mit etwas **Zitronensaft** abschmecken. ❼ Den marinierten Rucola auf die unteren Brötchenhälften geben, anschließend den Tofu auflegen. Das gegrillte Gemüse mit der Rosmarin-Balsamico-Marinade mischen und auf den Tofu legen. Mit den oberen Brötchenhälften abschließen.

FÜR 2 VEGGIEBURGER

1 kleine Aubergine
1 kleine Paprikaschote
1 kleine Zucchini
1 Rosmarinzweig
1 Handvoll Rucola
etwas Meersalz
4 EL Olivenöl
1 EL Aceto balsamico
1 Stück Tofu (abgepackt)
2 vegane Sonnenblumenbrötchen
evtl. etwas neutrales Pflanzenöl
etwas Pfeffer
etwas frisch gepresster
Saft von 1 Zitrone

Für die Joghurt-Knoblauch-Sauce
¼ Knoblauchzehe
2 EL Sojajoghurt
1 EL Olivenöl
etwas Meersalz
etwas Pfeffer

CHICKENBURGER MIT MANGOTATAR

🕐 25 MINUTEN

FÜR 2 CHICKENBURGER

2 Hähnchenbrustfilets
etwas Meersalz
etwas Pfeffer
1 EL Pflanzenöl
2 Burgerbrötchen (siehe Seite 41)
1 Handvoll Wildkräutersalat
2 EL Olivenöl

Für das Mangotatar

1 Schalotte
1 Mango
2 Minzestängel
1 Prise Zucker
2 EL Olivenöl
etwas Meersalz
etwas Pfeffer
etwas frisch gepresster
Saft von 1 Zitrone

❶ Für das Mangotatar die **Schalotte** schälen, die Enden abschneiden und die Schalotte in sehr feine Würfel schneiden. Die **Mango** schälen, hochkant stellen, das Fruchtfleisch mit einem scharfen Messer rechts und links entlang des Kerns abschneiden und fein würfeln. Die **Minze** abbrausen und mit Küchenpapier trocken tupfen. Die Blättchen von den Stielen zupfen und quer in sehr feine Streifen schneiden. ❷ Schalotten- und Mangowürfel mit **Zucker** und **Olivenöl** in einer Schüssel vermischen. Die Minze hinzugeben und das Mangotatar mit **Meersalz** und **Pfeffer** würzen. Mit ein wenig **Zitronensaft** abschmecken. ❸ Den Backofen auf 180 °C Umluft (160 °C Ober-/Unterhitze) vorheizen. Die **Hähnchenbrustfilets** von überschüssigem Fett und den Sehnen befreien. Mit **Meersalz** und **Pfeffer** würzen. Eine mittelgroße Pfanne mit dem **Pflanzenöl** erhitzen. Die Hähnchenbrustfilets darin bei mittlerer Hitze von beiden Seiten jeweils 3–4 Minuten goldbraun braten. ❹ In der Zwischenzeit die **Burgerbrötchen** etwa 8 Minuten im Ofen erhitzen, sodass sie beim Anrichten eine krosse Oberfläche haben. Alternativ ist ein Toaster oder ein Salamander bestens geeignet: Damit die Burgerbrötchen von beiden Seiten jeweils 2–3 Minuten erhitzen. ❺ Den **Wildkräutersalat** in reichlich Wasser waschen und trocken schleudern. In einer Schüssel mit dem **Olivenöl** marinieren. Mit **Meersalz** und **Pfeffer** würzen und mit etwas **Zitronensaft** abschmecken. ❻ Die Brötchenhälften gleichmäßig mit Mangotatar bestreichen. Den Wildkräutersalat auf den unteren Hälften anrichten und darauf je ein Hähnchenbrustfilet legen. Mit den oberen Brötchenhälften abschließen.

SAFTIGER CHEESEBURGER

🕐 30 MINUTEN PLUS 30 MINUTEN KÜHLZEIT

❶ Zuerst das **Hackfleisch** in eine Schüssel geben und mit **Meersalz** und **Pfeffer** würzen. Dann die Hackmasse mit den Händen kräftig durchkneten. Daraus zwei gleich große, 2 cm hohe Patties formen. Die Patties auf ein mit Backpapier belegtes Brett legen und mit Frischhaltefolie abgedeckt 30 Minuten in den Kühlschrank stellen. **❷** In der Zwischenzeit die **Zwiebel** schälen und in feine Ringe schneiden. Die **Cornichons** abtropfen lassen und längs in dünne Scheiben schneiden. Den **Salat** waschen und trocken schütteln. **❸** **Ketchup, Senf** und **Worcestersauce** zu einer Sauce verrühren. Mit **Meersalz** und **Pfeffer** würzen. Den Backofen auf 180 °C Umluft (160 °C Ober-/Unterhitze) vorheizen. **❹** Die **Burgerbrötchen** etwa 8 Minuten im Ofen erhitzen, sodass sie beim Anrichten eine krosse Oberfläche haben. Alternativ ist ein Toaster oder ein Salamander bestens geeignet: Damit die Burgerbrötchen von beiden Seiten jeweils 2–3 Minuten erhitzen. **❺** Die Patties in der Pfanne in **Pflanzenöl** bei starker Hitze pro Seite 5 Minuten braten. Nach dem Wenden den **Käse** auf die Patties geben, damit dieser besser zerfließt. **❻** Die Brötchenhälften mit Sauce bestreichen, auf die untere Hälfte je ein Salatblatt, Cornichonstreifen, einige Zwiebelringe und ein Pattie geben und mit den oberen Brötchenhälften abschließen.

FÜR 2 CHEESEBURGER

1 Handvoll sehr gutes Rinderhackfleisch
etwas Meersalz
etwas Pfeffer
1 kleine Zwiebel
2 eingelegte Cornichons
2 Kopfsalatblätter
2 TL Tomatenketchup
1 TL mittelscharfer Senf
½ TL Worcestersauce
2 Burgerbrötchen (siehe Seite 41)
2 TL neutrales Pflanzenöl
2 Scheiben Cheddar

Den klassischen Cheeseburger machst du am besten mit Cheddar-Käse. Aber erlaubt ist, was schmeckt. Alternativ kannst du auch Edamer oder einen würzigen Bergkäse verwenden.

LAMMBURGER MIT PETERSILIE-FETACREME

🕒 20 MINUTEN PLUS 30 MINUTEN KÜHLZEIT

FÜR 2 LAMMBURGER

3 Minzestängel
1 Knoblauchzehe
1 Handvoll Lammhackfleisch
etwas Meersalz
etwas Pfeffer
4 Petersilienstängel
1 kleine Aubergine
½ Stück Feta (abgepackt)
3 EL Olivenöl
1 kleines Fladenbrot

❶ Den Grill rechtzeitig anheizen. Die **Minze** waschen und trocken tupfen, die Blättchen von den Stängeln zupfen und sehr fein hacken. Den **Knoblauch** schälen und ebenfalls sehr fein hacken. ❷ Knoblauch und Minze mit dem **Hackfleisch** in einer Schüssel vermengen. Die Masse mit **Meersalz** und **Pfeffer** würzen, kräftig durchkneten und daraus zwei gleich große, 2 cm hohe Patties formen. Die Patties auf ein mit Backpapier belegtes Brett legen und mit Frischhaltefolie abgedeckt 30 Minuten in den Kühlschrank stellen. ❸ In der Zwischenzeit **Petersilie** und **Aubergine** waschen. Die Petersilienblättchen abzupfen und fein hacken. Die Aubergine der Länge nach in ca. 1 cm dicke Scheiben schneiden. Beidseitig **salzen** und 10 Minuten beiseitestellen. ❹ Den **Feta** zerbröseln und mit der Petersilie mischen. Dazu 2 EL **Olivenöl,** etwas **Meersalz** und **Pfeffer** geben. Das Ganze zu einer homogenen Masse vermengen. ❺ Das **Fladenbrot** aufschneiden, quer halbieren und die Innenseiten auf dem heißen Grill bei direkter Hitze 10–15 Sekunden rösten. ❻ Die Auberginenscheiben trocken tupfen und mit dem restlichen **Olivenöl** marinieren. Ebenfalls auf den Grill legen und bei starker direkter Hitze etwa 1 Minute auf jeder Seite grillen, bis sie durchgehend braun sind. Die Patties bei starker direkter Hitze auf jeder Seite 3 Minuten grillen. ❼ Die Fetamasse auf die Fladenbrothälften streichen, die Patties daraufgeben und darauf die gegrillte Aubergine anrichten. Die Lammburger mit den oberen Fladenbrothälften abschließen.

LACHSBURGER MIT ROHKOST

🕐 20 MINUTEN

❶ Den Backofen auf 180 °C Umluft (160 °C Ober-/Unterhitze) vorheizen. Die **Vollkorn-Burgerbrötchen** halbieren und etwa 8 Minuten im Ofen erhitzen, sodass sie beim Anrichten eine krosse Oberfläche haben. Alternativ ist ein Toaster oder ein Salamander bestens geeignet: Damit die Burgerbrötchen von beiden Seiten jeweils 2–3 Minuten erhitzen. **❷** Den **Knoblauch** schälen und sehr fein würfeln. Den **Koriander** abbrausen, trocken tupfen, die Blättchen von den Stängeln zupfen und sehr fein hacken. **❸** Koriander, Knoblauch, **Mayonnaise, Limettensaft, Cayennepfeffer** und wenig **Meersalz** in einem Mixbecher zu einem raffinierten Dressing mixen. Den **Weißkohl** darin marinieren. **❹** Die **Tomate** waschen, trocken tupfen, halbieren, vom Stielansatz befreien und in dünne Scheiben schneiden. Die Enden der **Gewürzgurken** abschneiden und die Gurken längs in dünne Scheiben schneiden. **❺** Die Brötchenhälften auf der Arbeitsfläche ausbreiten und jede Hälfte mit **Butter** bestreichen. **❻** Die unteren Hälften mit den **Lachsscheiben** belegen, darauf den Weißkohl verteilen und Tomaten- und Gurkenscheiben darauflegen. Etwas Dressing von der Weißkohlmarinade darübergeben und mit **Meersalz** würzen. Mit den oberen Brötchenhälften abschließen.

FÜR 2 LACHSBURGER

2 Vollkorn-Burgerbrötchen
½ Knoblauchzehe
2 Korianderstängel
1 EL Mayonnaise
1 Spritzer frisch gepresster Saft von 1 Limette
etwas Cayennepfeffer
etwas Meersalz
6 Weißkohlstreifen
1 Tomate
2 Gewürzgurken
etwas Butter
6 Räucherlachsscheiben

BUNTES FLADENBROT GRIECHISCHE ART

VEGGIE 🕒 15 MINUTEN

FÜR 2 PERSONEN

1 kleines Fladenbrot
evtl. etwas neutrales Pflanzenöl
1 gelbe Paprikaschote
1 rote Spitzpaprika
1 Stück Feta (abgepackt)
10 schwarze Oliven
10 grüne Oliven
1 Korianderstängel
etwas Meersalz
etwas Pfeffer
etwas getrockneter Oregano
etwas frisch gepresster
Saft von 1 Zitrone
etwas Butter

❶ Das **Fladenbrot** aufschneiden, quer halbieren und die Innenseiten auf dem heißen Grill bei direkter Hitze 10–15 Sekunden rösten. Alternativ in einer Pfanne bei mittlerer Hitze in etwas **Öl** beidseitig je 1–2 Minuten rösten. ❷ In der Zwischenzeit die **Paprika** waschen, halbieren und Stiel, Samen und Scheidewände entfernen. Die Schoten längs in Streifen schneiden. Den **Feta** ebenfalls längs in dünne Scheiben schneiden. ❸ **Oliven** gegebenenfalls entsteinen. Den **Koriander** abbrausen, trocken tupfen und die Blättchen von den Stielen zupfen. Mit den Oliven zu einer feinen Paste hacken. In eine Schüssel geben, mit etwas **Meersalz, Pfeffer** und **Oregano** würzen und mit ein wenig **Zitronensaft** abschmecken. ❹ Fladenbrothälften gleichmäßig mit **Butter** bestreichen. Die Oliven-Koriander-Masse gleichmäßig auf den Innenseiten der Fladenbrote verteilen und die Fetascheiben auf eine Hälfte der Brotscheiben legen. Paprikastreifen auf dem Feta platzieren und mit den zweiten Brothälften abschließen.

Tipp

Das bunte Fladenbrot ist hervorragend zum Mitnehmen geeignet, da es dank Feta und Gemüse auch nach Stunden noch supersaftig schmeckt.

THUNFISCH-WRAP MIT ROHKOST

🕐 10-MINUTEN-KITCHEN-QUICKIE

① Die **Eier** ca. 6 Minuten in kochendem Wasser hart kochen, dann unter kaltem Wasser abschrecken, pellen und in feine Stücke hacken. **②** Die **Tortillas** mit **Butter** bestreichen. Den **Thunfisch** abtropfen lassen und in kleine Stücke zupfen. **③** Den Strunk aus dem **Eisbergsalat** schneiden, die Blätter putzen, waschen und trocken schleudern. Anschließend in feine Streifen schneiden. Die **Paprika** waschen, halbieren, Stiel, Samen und Scheidewände entfernen und die Schoten der Länge nach in feine Streifen schneiden. Die **Möhre** schälen, die Enden dünn abschneiden und die Möhre in Stifte schneiden. **④** Thunfisch, **Mayonnaise** und Ei in einer Schüssel miteinander verrühren, die **Kapern** im Ganzen unterheben. Die Masse mit **Meersalz** und **Pfeffer** würzen und mit etwas **Zitronensaft** abschmecken. **⑤** Nun die Thunfischcreme gleichmäßig auf den Tortillas verteilen, mit Salat, Paprika und Möhre belegen und die Wraps einrollen. Schräg halbieren und gleich servieren.

FÜR 2 WRAPS

2 Eier
2 Tortillas
etwas Butter
1 Dose Thunfisch
1 Handvoll Eisbergsalat
1 rote Paprikaschote
1 Möhre
2 EL Mayonnaise
1 EL Kapern
etwas Meersalz
etwas Pfeffer
etwas frisch gepresster
Saft von 1 Zitrone

POTATO WEDGES MIT HANDMADE-KETCHUP

VEGAN 🕐 20 MINUTEN

FÜR 5–6 PERSONEN

2 Handvoll vorwiegend festkochende Kartoffeln
⅓ Becher Olivenöl
1 ½ EL Meersalz
1 TL edelsüßes Paprikapulver
etwas Cayennepfeffer nach Belieben

Für den Handmade-Ketchup
(siehe Seite 41)

❶ Den Backofen auf 180 °C Umluft (200 °C Ober-/Unterhitze) vorheizen. Die **Kartoffeln** unter fließendem Wasser gegebenenfalls mit einer Bürste gründlich waschen. Mit Küchenpapier trocken tupfen. Je nach Größe längs vierteln oder sechsteln und in einer Schüssel mit **Olivenöl** vermischen. ❷ **Meersalz** mit **Paprikapulver** in einer weiteren Schüssel vermischen, nach Belieben mit **Cayennepfeffer** verfeinern und die Hälfte davon gleichmäßig über die Kartoffeln streuen. ❸ Jetzt die Kartoffeln auf einem mit Backpapier belegten Backblech verteilen. Im heißen Ofen auf der mittleren Schiene etwa 30 Minuten backen, bis sie knusprig und goldbraun sind. Dabei gelegentlich wenden. ❹ In der Zwischenzeit den **Ketchup** zubereiten (siehe Seite 41). ❺ Die fertigen Potato Wedges eventuell mit der Salzmischung nachwürzen und mit dem Ketchup servieren.

Möhren, Rote Bete, Süßkartoffeln, Paprika, Zucchini: All diese Lebensmittel kannst du entsprechend vorbereiten, auf eine Größe schneiden und mit den Potato Wedges auf einem Blech garen.

CLASSIC CURRYWURST

🕐 20 MINUTEN

1 Für die Currysauce den **Knoblauch** schälen und sehr fein hacken. Das **Öl** in einem mittelgroßen Topf erhitzen und den Knoblauch darin bei mittlerer Hitze kurz farblos anschwitzen. **Curry** und **Tomatenmark** hinzugeben und kurz mitrösten. **2** Anschließend **passierte Tomaten, Ananassaft, Essig** und **Gewürze** hinzugeben. Das Ganze aufkochen lassen und bei mittlerer Hitze ca. 8 Minuten sämig einkochen, dabei gelegentlich umrühren. **3** In der Zwischenzeit für die Würste das **Öl** in einer großen beschichteten Pfanne erhitzen und die **Brühwürste** bei mittlerer bis starker Hitze 6–8 Minuten rundum braun braten. In der Pfanne bei geringer Hitze warm halten. **4** Jetzt die Gewürze aus der Sauce entfernen und die Sauce mit **Meersalz** würzen. **5** Die Würste in dicke Scheiben schneiden, auf den Tellern verteilen und die Sauce darübergeben.

FÜR 5–6 PERSONEN

2 EL Sonnenblumenöl
5–6 leicht geräucherte
Brühwürste mit Haut

Für die Currysauce
1 Knoblauchzehe
1 EL Sonnenblumenöl
2 EL scharfes Currypulver
2 EL Tomatenmark
1 Dose passierte Tomaten
½ Becher Ananassaft
3 EL Weißweinessig
1 Sternanis
1 Gewürznelke
1 Lorbeerblatt
etwas Meersalz

Mit Baguette serviert ergibt dieses Gericht eine wunderbar sättigende Mahlzeit.

HANDMADE-BURGER 'N' CO.

GRANDMA'S CLASSICS

GANZ WIE BEI OMA

Wir alle wissen doch, wo es immer noch am besten schmeckt: bei unserer lieben Oma. Keiner kann den Rotkohl oder den Gänsebraten so herzhaft gut zubereiten wie sie. Wirklich keiner? Doch, du kannst es! Und zwar mit meinen „Grandma's Classics"-Rezepten. Mit diesen gelingt auch dir die gutbürgerliche Küche.

KARTOFFELGULASCH MIT WURST

🕐 20 MINUTEN PLUS 30 MINUTEN GARZEIT

1 **Zwiebeln** schälen, fein hacken und in einem Topf in dem **Öl** goldgelb rösten. Die **Knoblauchzehe** ebenfalls schälen, hacken und mit dem **edelsüßen Paprikapulver** ca. ½ Minute mitrösten. **2** Mit **Rotwein** aufgießen und kurz einkochen lassen. **3** In der Zwischenzeit die **Kartoffeln** schälen und in kleine Würfel schneiden. Die **Wiener Würstchen** in Scheibchen schneiden und den **Speck** fein hacken. Alles zusammen zu den Zwiebeln geben und mit dem **Gemüsefond** aufgießen, bis alles bedeckt ist. **4** Das **scharfe Paprikapulver** unterrühren und 20–30 Minuten bei mittlerer Hitze köcheln lassen. Am Schluss nach Wunsch noch mit **Meersalz** oder **Paprika** nachwürzen und in tiefen Tellern anrichten.

FÜR 5–6 PERSONEN

2 kleine rote Zwiebeln
1 EL neutrales Pflanzenöl
1 Knoblauchzehe
1 TL edelsüßes Paprikapulver
etwas Rotwein
12 mittelgroße Kartoffeln
6 Wiener Würstchen
2 Scheiben Schweinespeck
2 Becher Gemüsefond
½ TL scharfes Paprikapulver
etwas Meersalz nach Belieben

ÜBERBACKENE SCHINKENFLECKERLN

🕐 25 MINUTEN PLUS 45 MINUTEN BACKZEIT

FÜR 5–6 PERSONEN

1 Packung Fleckerlnudeln
etwas Meersalz
1 Handvoll Schweinefilet
4 Eier
½ Päckchen Butter plus etwas zum Einfetten und für Flöckchen
1 daumengroßes Stück Parmesan
etwas Pfeffer
1 Becher Schmand
1 EL Paniermehl

❶ Die **Nudeln** in kochendem **Salzwasser** nach Packungsanweisung bissfest garen. Dann die gekochten Fleckerln abgießen. Den Backofen auf 180 °C Umluft (200 °C Ober-/Unterhitze) vorheizen. **❷** In der Zwischenzeit das **Fleisch** in feine Würfel schneiden. Die **Eier** trennen und die **Butter** mit den Eigelben schaumig rühren. Die Eiweiße zu Schnee schlagen und den **Parmesan** reiben. **❸** **Meersalz, Pfeffer,** etwa zwei Drittel des Parmesans, **Schmand** und Fleischwürfel unter die Eier-Butter-Masse mengen. Dann Eischnee und Fleckerln unterheben. **❹** Eine Auflaufform mit **Butter** einfetten und mit **Paniermehl** ausstreuen. Die Fleckerlmasse einfüllen und mit **Butterflöckchen** und dem restlichen Parmesan bestreuen. **❺** Circa 45 Minuten im Ofen überbacken. Die Schinkenfleckerln kurz auskühlen lassen, in fünf bis sechs gleich große Stücke teilen und eventuell mit Blattsalat servieren.

100 % BEEFSTEAK MIT KARTOFFELEXPLOSÉ

🕒 45 MINUTEN

1 **Kartoffeln** schälen. Dann in einem kleinen Topf mit reichlich Wasser und 1 EL **Meersalz** etwa 30 Minuten weich kochen. Den Backofen auf 100 °C Umluft (120 °C Ober-/Unterhitze) vorheizen. **2** In der Zwischenzeit den **Bacon** in einer Pfanne bei mittlerer Hitze ohne Zugabe von Fett beidseitig wenige Minuten kross braten. Auf einen mit Küchenpapier ausgelegten Teller geben, um überschüssiges Fett aufzusaugen. Die Pfanne mit dem Bratfett beiseitestellen. **3** Die **Kräuter** für das Steak abbrausen und trocken tupfen. Die **Steaks** unter fließendem kaltem Wasser kurz abspülen, mit Küchenpapier trocken tupfen und auf einen großen Teller legen. Beidseitig mit **Meersalz** und **Pfeffer** würzen. **4** Die Pfanne, in der der Bacon gebraten wurde, erneut erhitzen und die Steaks darin bei starker Hitze von jeder Seite etwa 2 Minuten anbraten, bis eine gleichmäßige Bräunung erkennbar ist. Die **Knoblauchzehe** mit der Schale andrücken und mit den Kräutern hinzugeben. **5** Wenn die Steaks beidseitig angebraten sind, aus der Pfanne nehmen und auf einem Teller etwa 5 Minuten ruhen lassen, damit der Fleischsaft gespeichert und das Steak schön saftig wird. **6** Anschließend die Steaks in den Backofen geben – am besten auf einen Rost auf der mittleren Schiene –, und 8–10 Minuten medium-rare, also rosa durchzogen, garen. Wer sein Steak lieber vollständig durchgebraten hat, fährt die Temperatur auf 120 °C Umluft (140 °C Ober-/Unterhitze) hoch und gart es etwa 17 Minuten welldone, das bedeutet vollständig durchgebraten. **7** In der Zwischenzeit die Kartoffeln abgießen und auskühlen lassen. In einem kleinen Kochtopf **Milch** und **Butter** erhitzen, zu den Kartoffeln geben und die Masse grob durchstampfen. Es sollten noch Stückchen zu erkennen sein. **8** Den Bacon quer in Streifen schneiden und zu dem Kartoffelpüree geben. Die **Frühlingszwiebel** putzen, waschen, trocken tupfen, in feine Ringe schneiden und ebenfalls hinzufügen. **9** Das Ganze erneut mischen und mit **Meersalz** und **Pfeffer** abschmecken. Das Kartoffelpüree auf der linken Seite eines ovalen oder runden Tellers platzieren. Das Steak anlegen und sofort servieren.

FÜR 2 PERSONEN

Für das Kartoffelexplosé

6 mehligkochende Kartoffeln
etwas Meersalz
3 Scheiben Bacon
1 Schuss heiße Milch
2–3 EL Butter
1 Frühlingszwiebel

Für das Steak

1 Rosmarinzweig
2 Thymianzweige
2 US-Entrecôtes à 300 g
etwas Meersalz
etwas Pfeffer
1 Knoblauchzehe

PIKANTES KRÄUTER-HÄHNCHEN

🕒 45 MINUTEN

FÜR 2 PERSONEN

2 Hähnchenbrustfilets
je 1 Rosmarin-, Thymian- und Majoranzweig
2 Petersilienstängel
2 TL weiche Butter
1 Eigelb

Für die Bohnensalsa

1 Glas bzw. Dose Kidneybohnen
1 Zwiebel
2 Knoblauchzehen
1 rote Paprikaschote
2 rote Chilischoten
2 EL Olivenöl
½ Becher passierte Tomaten
etwas Sojasauce
etwas Meersalz
etwas Pfeffer
1 Msp. Paprikapulver

Für das pikante Gemüse

5 Champignons
2 Möhren
1 Zucchini
2 EL Olivenöl
einige Chiliflocken

❶ Für die Salsa die **Kidneybohnen** auf ein Sieb abgießen und unter fließendem kaltem Wasser abwaschen. **Zwiebel** und **Knoblauch** schälen und sehr fein hacken. **Paprika** und **Chilischoten** waschen und Stiel, Samen und Scheidewände entfernen. Die Schoten fein würfeln. **❷** Eine Pfanne mit dem **Olivenöl** erhitzen und die Zwiebeln darin anschwitzen. **Passierte Tomaten** und die Hälfte des Knoblauchs zugeben und bei mäßiger Hitze wenige Minuten köcheln lassen, sodass sich sämtliche Aromen entfalten können. **❸** Die Paprika mit der Hälfte der Chilis, den Kidneybohnen und einem Schuss **Sojasauce** zufügen. Alles mit **Meersalz, Pfeffer** und **Paprikapulver** würzen. Wenn die Flüssigkeit um ein Drittel eingekocht ist, mit einem Pürierstab fein pürieren. **❹** Für das pikante Gemüse die **Champignons** mit einem kleinen Messer putzen, die Stielenden dünn abschneiden und die Champignons in mundgerechte Stücke schneiden. Die **Möhren** schälen und die Enden dünn abschneiden. **Zucchini** waschen, trocken tupfen und ebenfalls die Enden abschneiden. Möhren und Zucchini zunächst der Länge nach in Scheiben, anschließend in Rauten schneiden. **❺** Das **Olivenöl** in einer großen Pfanne erhitzen und das Gemüse darin bei mäßiger Hitze wenige Minuten bissfest dünsten. Mit **Meersalz,** den restlichen Chiliwürfeln und den **Chiliflocken** würzen. **❻** Nun die **Hähnchenbrustfilets** unter fließendem kaltem Wasser waschen, mit Küchenpapier trocken tupfen und quer in zeigefingerdicke Streifen schneiden. **❼** Für die Marinade die **Kräuter** abbrausen, trocken tupfen und die Blättchen bzw. Nadeln von den Stielen zupfen. **❽** Die weiche **Butter** mit Kräutern, **Eigelb** und restlichem Knoblauch in einen Mixbecher geben und mit einem Pürierstab grob pürieren, sodass die einzelnen Kräuter noch erkennbar sind. Die Hähnchenbruststreifen damit bestreichen. **❾** Eine mittelgroße Pfanne mit der restlichen Marinade erhitzen und die Hähnchenbruststreifen hinzugeben. Das Ganze unter gelegentlichem Wenden bei mittlerer Hitze 6–8 Minuten fertig garen. **❿** Das Gemüse mit der Bohnensalsa mittig auf einem großen Teller platzieren. Die Hähnchenbruststreifen darauf anrichten.

ENTENBRUST MIT ROTKOHL-SESAM-SALAT

🕒 45 MINUTEN PLUS 30 MINUTEN GARZEIT

FÜR 2 PERSONEN

Für die Klöße

1 Handvoll mittelgroße mehligkochende Kartoffeln
4 EL Butter
2 TL Speisestärke
2 Eigelb
etwas Muskatnuss
etwas weißer Pfeffer
etwas Meersalz
3 EL Mehl

Für die Entenbrüste

2 Entenbrüste
etwas Meersalz
etwas Pfeffer

Für den Rotkohl-Sesam-Salat

½ Rotkohl
1 EL Sesam
1 EL Sesamöl
2 EL Rapsöl
3 EL Kräuteressig
etwas Meersalz
etwas Pfeffer
1 Kästchen Kresse

---

1 Für die Klöße die **Kartoffeln** waschen und die Hälfte davon in einem mittelgroßen Topf in reichlich Wasser 25–30 Minuten weich kochen. Dann abgießen und abkühlen lassen. **2** In der Zwischenzeit für den Salat die äußeren Blätter vom **Rotkohl** entfernen und den Kohl mit einem Gemüsehobel in feine Streifen hobeln. Den **Sesam** in einer Pfanne ohne Zugabe von Fett bei mittlerer Hitze goldbraun rösten, dann auf einem Teller beiseitestellen. **3** Für das Dressing die **Öle** mit **Essig**, etwas **Meersalz** und **Pfeffer** verquirlen und den Rotkohl damit marinieren. Dafür alles gut vermischen und etwa 30 Minuten ziehen lassen. Gelegentlich umrühren. **4** Die gekochten Kartoffeln pellen und durch eine Kartoffelpresse drücken. Die ungekochten Kartoffeln schälen, waschen, mit Küchenpapier trocken tupfen und sofort mit einer Küchenreibe sehr fein reiben. **5** Die Masse auf ein sauberes Geschirrtuch geben, kräftig auswringen und dabei das austretende Wasser in einer Schüssel auffangen. Etwa 10 Minuten stehen lassen, bis sich am Boden der Schüssel eine weiße Schicht, die Kartoffelstärke, abgesetzt hat. Das Wasser vorsichtig abgießen, dabei aber die Stärke in der Schüssel zurückbehalten. **6** Die **Butter** schmelzen. Die abgesetzte Stärke mit den gekochten und den rohen Kartoffeln in eine Schüssel geben und mit **Speisestärke** und **Eigelben** zu einem geschmeidigen Kloßteig verarbeiten. Dabei die flüssige Butter nach und nach einlaufen lassen. Den Kloßteig mit **Muskat**, weißem **Pfeffer** und **Meersalz** würzen und die Masse erneut gut durchmengen. **7** Aus dem Teig sechs bis acht gleich große Klöße formen. Am besten funktioniert das mit leicht angefeuchteten Händen. Die Klöße auf einer **bemehlten** Arbeitsfläche wälzen, damit sie nicht zusammenkleben. **8** Einen mittelgroßen flachen Topf mit ausreichend **Salzwasser** zum Kochen bringen, die Klöße hineingleiten und 25–30 Minuten ziehen lassen, bis sie an der Wasseroberfläche schwimmen. **9** Nun den Backofen auf 100 °C Umluft (120 °C Ober-/Unterhitze) vorheizen. Die **Entenbrüste** unter fließendem kaltem Wasser abbrausen und mit Küchenpapier trocken tupfen. Dann von überschüssigem Fett und den Sehnen befreien. Die Haut rautenförmig einschneiden und das Fleisch rundum mit **Meersalz** und **Pfeffer** würzen. **10** Eine Pfanne ohne Fett erhitzen und die beiden Entenbrüste darin zuerst mit der Fettseite nach unten bei starker Hitze anbraten. Nach 2–3 Minuten, wenn eine goldbraune Haut erkennbar ist, die Entenbrüste wenden und weitere 3 Minuten braten. Danach das Fleisch im Backofen auf einem Rost (mittlere Schiene) ca. 8 Minuten fertig garen. **11** Den marinierten Rotkohl mit der **Kresse** und dem gerösteten Sesam vermengen. **12** Die Klöße mit einer Schaumkelle herausnehmen und mit den Entenbrüsten und dem Rotkohl-Sesam-Salat anrichten. Dabei den Rotkohl mittig auf dem Teller platzieren, die Entenbrustfilets in Scheiben schneiden und auf dem Rotkohl anrichten. Die Klöße mit anrichten oder separat servieren.

LINSENEINTOPF WIE BEI MUTTERN

VEGAN 🕐 30 MINUTEN

FÜR 2 PERSONEN
1 Becher geschälte gelbe Linsen
etwas Meersalz
1 Zwiebel
2 Möhren
½ Blumenkohl
½ Becher TK-Erbsen
1 l Gemüsefond
½ Stück Tofu (abgepackt)
1 TL Kokosöl
1 TL mildes Currypulver
½ Becher Kokosmilch
etwas Pfeffer
¼ TL Schwarzkümmel
wenig gehackte Petersilie
etwas frisch gepresster Saft von 1 Zitrone

❶ **Linsen** in reichlich **Salzwasser** bei mittlerer Hitze ca. 15 Minuten weich garen. ❷ In der Zwischenzeit **Zwiebel** und **Möhren** schälen, **Blumenkohl** putzen und waschen. Zwiebel und Gemüse klein schneiden. **Erbsen,** Möhren und Blumenkohl in kochendem **Gemüsefond** kurz blanchieren. ❸ **Tofu** in würfelgroße Stücke schneiden. Die Zwiebeln mit dem Tofu im **Kokosöl** anrösten. **Curry** dazugeben und kurz mitrösten lassen, danach mit der **Kokosmilch** ablöschen. Kurz einkochen lassen und das Gemüse untermengen. ❹ Mit **Meersalz, Pfeffer, Schwarzkümmel, Petersilie** und **Zitronensaft** verfeinern und noch kurz weiterdünsten.

Tipp

In Schalen servieren und nach Belieben Weißbrot dazu reichen.

GÄNSEBRATEN MIT WALDPILZEN UND CRANBERRYS

🕐 1 STUNDE PLUS 2 STUNDEN 30 MINUTEN GARZEIT

FÜR 5–6 PERSONEN
1 Gans
etwas Meersalz
etwas Pfeffer
1 EL flüssiger Honig

Für die Füllung
2 Zwiebeln
3 Boskop-Äpfel
2 Orangen
etwas Meersalz
etwas Pfeffer
1 Handvoll Trockenpflaumen
2 Beifußstängel
etwas Majoran

Für die Cranberrys
6 EL Zucker
½ Becher Portwein
1 Handvoll Cranberrys
½ Zimtstange

Für die Waldpilze
2 Handvoll Waldpilze
etwas Butter
etwas Meersalz
etwas Pfeffer

Für die Sauce
1 Möhre
4 Schalotten
Gänseklein und Innereien
aus der Gans
2 EL Rapsöl
1 EL Tomatenmark
etwas Salbei
½ Lorbeerblatt
3 Pfefferkörner
½ Becher Rotwein
½ Becher Geflügelfond
1 EL Foie gras

1 Für die Füllung des Gänsebratens die **Zwiebeln** schälen und in grobe Stücke schneiden. Die Kerngehäuse aus den **Äpfeln** schneiden und die **Orangen** schälen. Äpfel und Orangen grob würfeln und mit **Meersalz** und **Pfeffer** würzen. Die **Trockenpflaumen** hinzugeben. Die Blättchen vom **Beifuß** abzupfen und mit etwas **Majoran** und den Zwiebeln ebenfalls dazugeben und vermengen. Den Backofen auf 160 °C Umluft (180 °C Ober-/Unterhitze) vorheizen. **2** Hals und Flügel der **Gans** vollständig entfernen und in walnussgroße Stücke zerkleinern (Gänseklein), die Innereien ebenfalls entfernen und nach Bedarf zerkleinern. Die Gans mit der Füllung füllen und von außen mit **Meersalz** und **Pfeffer** würzen. **3** Mittig auf den Rost setzen, das Blech darunterschieben und einen Becher Wasser auf das Blech gießen. 2–2½ Stunden auf unterster Schiene garen, dabei alle 30 Minuten mit dem Bratensaft übergießen. Hierbei empfiehlt es sich, ein Sieb zu verwenden, so verhindert man unschöne Bratenrückstände auf der Geflügelhaut. **4** Nach 2 Stunden den Garprozess der Gans überprüfen. Wenn sich die Keulen mit einer Gabel leicht durchstechen lassen und von der Brust trennen, ist die Gans gar und die Ofentemperatur kann auf 140 °C Umluft (160 °C Ober-/Unterhitze) reduziert werden. Den **Honig** mit 1 EL Wasser verquirlen und die Gans damit gelegentlich bestreichen. **5** In der Zwischenzeit für die Sauce **Möhre** und **Schalotten** schälen und in walnussgroße Stücke schneiden. Mit den **Innereien** und dem **Gänseklein** in heißem **Öl** anbraten, das Gemüse hinzugeben und alles leicht rösten. Überschüssiges Fett abgießen. **6** Anschließend das **Tomatenmark** hinzugeben und kurz mitrösten. Dann auch **Kräuter** und **Gewürze** hinzugeben und mit dem **Rotwein** ablöschen. Mit **Geflügelfond** auffüllen und die Sauce bei schwacher Hitze 30–40 Minuten köcheln lassen. **7** Zuletzt 4 EL der Gänsefüllung entnehmen (dafür die Gans kurz aus dem Ofen holen) und zur Sauce geben. Wenige Minuten mitkochen. Anschließend die Sauce durch ein Sieb geben und die **Foie gras** unterrühren. **8** Für die Cranberrys den **Zucker** in einer Pfanne bei mittlerer Hitze schmelzen und leicht karamellisieren, mit **Portwein** ablöschen und die **Cranberrys** und die halbe **Zimtstange** hinzugeben. 8–10 Minuten bei schwacher Hitze zu einer sirupartigen Masse einkochen. **9** Die **Waldpilze** putzen, größere Pilze halbieren und in wenig **Butter** anschwitzen. Mit **Meersalz** und **Pfeffer** würzen. **10** Den Gänsebraten im Ganzen servieren, am Tisch aufschneiden und mit Pilzen, Cranberrys und Sauce auf Tellern anrichten.

PASTA MEETS EGG

VEGGIE   🕒 10-MINUTEN-KITCHEN-QUICKIE

FÜR 5–6 PERSONEN

4 Eier
etwas Meersalz
etwas Pfeffer
etwas Muskatnuss
3 Petersilienstängel
2 Paprikaschoten
(wenn vorhanden, aber nicht notwendig)
4 Handvoll al dente gekochte Pasta (z. B. Spaghetti oder Penne; gern vom Vortag)
4 Scheiben Bacon
2 Schalotten
2 EL Rapsöl

❶ Die **Eier** miteinander in einer Schüssel verquirlen und mit **Meersalz, Pfeffer** und einem Hauch **Muskat** würzen. Die **Petersilie** waschen, trocken tupfen, die Blättchen abzupfen, fein hacken und unter die Eiermasse rühren. ❷ Die **Paprikaschoten** (wenn verwendet) waschen, halbieren, Stiel, Samen und Scheidewände entfernen und das Fruchtfleisch in daumenbreite Rauten schneiden. Ebenfalls der Eimischung zugeben, dann die bereits gekochte **Pasta** dazugeben. ❸ Den **Bacon** in feine Würfel schneiden und die **Schalotten** schälen, halbieren und ebenfalls fein würfeln. ❹ Eine Pfanne mit dem **Öl** erhitzen und Schalotten und Bacon darin kurz anschwitzen. Anschließend die Eier-Pasta-Mischung hinzugeben und 2–3 Minuten bei schwacher Hitze stocken lassen, bis die Masse unten goldbraun ist. Dann die „Pasta meets Egg" wenden und diese Seite ebenso braten, bis sie eine goldbraune Färbung annimmt. Sofort servieren.

„Pasta meets Egg" schmeckt auch kalt. Dazu passt hervorragend Kräuterquark, den du als Dip verwendest. Du kannst ihn kaufen, aber auch schnell selbst machen. Dafür verrührst du 3 EL Speisequark, eine Handvoll fein gehackte Kräuter, 1 Msp. Paprikapulver, 1 Spritzer Zitronensaft und wenig Meersalz.

HÜHNCHENFRIKASSEE

🕐 25 MINUTEN

1 Die **Hähnchenbrustfilets** unter fließendem kaltem Wasser waschen, mit Küchenpapier trocken tupfen und in einem mittelgroßen Topf mit reichlich mäßig **gesalzenem** Wasser bei mittlerer Hitze 8–10 Minuten garen. **2** In der Zwischenzeit die **Schalotten** schälen, halbieren und in sehr feine Würfel schneiden. Die Stiele von den **Champignons** entfernen und die Hüte in Scheiben schneiden. Den **Pak Choi** putzen, waschen und in mundgerechte Stücke schneiden. **3** Die **Butter** in einem Topf erhitzen und die Schalottenwürfel bei schwacher Hitze wenige Minuten farblos anschwitzen. Anschließend die Champignons und den Pak Choi hinzugeben und beides bei mittlerer Hitze kurz anschwitzen. **4** Mit **Mehl** bestäuben und den **Geflügelfond** aufgießen. Nun die **Sahne** hinzugeben und kurz aufkochen lassen. **5** Die Hähnchenbrustfilets quer in Streifen schneiden und mit den **Erbsen** hinzugeben. Mit **Meersalz** und **Pfeffer** würzen und mit einigen Spritzern **Zitronensaft** abschmecken.

FÜR 2 PERSONEN

2–3 Hähnchenbrustfilets
etwas Meersalz
2 Schalotten
5 Champignons
1 Pak Choi
2 EL Butter
1 EL Mehl
1 Glas Geflügelfond
1 Schuss Sahne
1 Handvoll Erbsen
etwas Pfeffer
einige Spritzer frisch
gepresster Saft von 1 Zitrone

GRANDMA'S CLASSICS

SCHWEINEBRATEN À LA GRANDMA

🕐 45 MINUTEN PLUS 2 STUNDEN GARZEIT

FÜR 2 PERSONEN

1 Stück Schweinefleisch für 2 Personen (bevorzugt Bug, Nacken oder Rücken)
etwas Meersalz
etwas Pfeffer
1 Msp. Paprikapulver
1 EL Kümmel
1 Zwiebel
1 Knoblauchzehe
1 Möhre
¼ Sellerieknolle
3 Liebstöckelstängel
1 Becher Brühe, nach Bedarf auch mehr
2 EL Schweineschmalz

❶ Den Backofen auf 200 °C Umluft (220 °C Ober-/Unterhitze) vorheizen. Das **Schweinefleisch** unter fließendem kaltem Wasser waschen, mit Küchenpapier trocken tupfen und von allen Seiten mit **Meersalz, Pfeffer, Paprika** und **Kümmel** würzen. Das Fleisch mit der Hautseite nach unten in den Bräter legen. ❷ **Zwiebel** und **Knoblauchzehe** schälen und grob hacken. Das **Wurzelgemüse** ebenfalls schälen und in walnussgroße Würfel schneiden. Den **Liebstöckel** waschen, trocken tupfen und die ganzen Stängel mit in den Bräter geben. ❸ Das Ganze mit **Brühe** angießen und im Backofen etwa 30 Minuten garen. Der Braten muss immer zu einem Drittel in Flüssigkeit liegen, deshalb zwischendurch eventuell **Brühe** oder Wasser nachgießen. Dann den Braten aus dem Ofen nehmen und die Schwarte rautenförmig einschneiden. ❹ Den Schweinebraten mit der Schwarte nach oben wieder in den Bräter legen und die Temperatur auf 120 °C Umluft (140 °C Ober-/Unterhitze) reduzieren. Den Braten rund 2 Stunden garen. Dabei gelegentlich mit der Brühe übergießen. ❺ 15 Minuten vor Ende der Garzeit das **Schweineschmalz** in einem kleinen Topf schmelzen und die Schwarte des Bratens gleichmäßig damit beträufeln. Auf der mittleren Stufe mit Grillfunktion grillen, sodass die Schwarte eine gleichmäßig goldbraune Kruste bekommt. ❻ Zuletzt die entstandene Sauce durch ein Sieb gießen und auf die gewünschte Konsistenz einkochen. Mit **Meersalz** und **Pfeffer** würzen.

GRANDMA'S HACKBRATEN MIT BACON

🕐 15 MINUTEN PLUS 35 MINUTEN BACKZEIT

① **Zwiebel** und **Knoblauchzehe** schälen und in sehr feine Würfel schneiden. Die **Chilischote** waschen, Samen und Scheidewände entfernen und die Schote fein würfeln. **Getrocknete Tomaten** ebenfalls fein würfeln. Die **Kräuter** waschen, trocken tupfen, Blättchen bzw. Nadeln von den Stielen zupfen und die Kräuter fein hacken. **②** Den Backofen auf 180 °C Umluft (200 °C Ober-/Unterhitze) vorheizen. **Hackfleisch,** Zwiebeln, Knoblauch, Chili, eingelegte Tomaten, gehackte Kräuter, **Eier, Kümmel, Olivenöl** und **Meersalz** in einer Schüssel zu einem Fleischteig verarbeiten. **③** Das **Toastbrot** bzw. die **Brötchen** mit den Händen zerbröseln, die **Milch** hinzufügen und zu dem Fleischteig geben. **④** Das Ganze erneut mit den Händen kräftig durchkneten, den Fleischteig in einer Kastenform verteilen, glatt streichen und die **Speckscheiben** darüberlegen. **⑤** Den Braten mit Alufolie abdecken und im Backofen etwa 35 Minuten backen. 15 Minuten vor Ende der Garzeit die Alufolie entfernen und den Hackbraten knusprig braun werden lassen.

FÜR 2 PERSONEN

1 Zwiebel
1 Knoblauchzehe
1 kleine Chilischote
5 getrocknete Tomaten in Öl
je 1 Rosmarin-, Thymian- und Majoranzweig
3 Handvoll Rinderhackfleisch
2 Eier
1 TL Kümmel
etwas Olivenöl
etwas Meersalz
2 Scheiben Toast oder Brötchen vom Vortag
½ Becher Milch
4–6 Scheiben geräucherter Speck

Dazu passen hervorragend Klöße (siehe Seite 73).

SHAPE FOOD

TOP ESSEN UND TOP AUSSEHEN

Für eine heiße Figur musst du nicht hungern. Mit meinen Gerichten schlemmst du dich ganz easy in Shape. Du wirst nach dem Kochen nicht nur meine Rezepte lieben, sondern auch dich selbst. Und so soll es doch sein, oder nicht?

CEVICHE MIT PAPRIKA UND SENFÖL

🕒 20 MINUTEN PLUS 2 STUNDEN MARINIERZEIT

FÜR 2 PERSONEN

1 frisches Lachsfilet
ohne Haut für 2 Personen
½ Limette
½ Orange
etwas Meersalz
1 EL Senföl
1 rote Paprikaschote
1 gelbe Paprikaschote
2 Frühlingszwiebeln
5 Korianderstängel
etwas Pfeffer

❶ Das **Lachsfilet** waschen und mit Küchenpapier trocken tupfen. In etwa 1 cm dicke Scheiben schneiden und in eine flache Form legen. ❷ **Limetten-** und **Orangensaft** auspressen und den Fisch damit beträufeln. Mit **Meersalz** würzen. Den Fisch im Kühlschrank abgedeckt etwa 2 Stunden marinieren, dann das **Senföl** hinzufügen. ❸ Die **Paprikaschoten** waschen, halbieren und Stiel, Samen und Scheidewände entfernen. Dann die Schoten in Würfel schneiden. Die **Frühlingszwiebeln** waschen, mit Küchenpapier trocken tupfen und das dunkle Grün entfernen. Das Weiße in sehr feine Ringe schneiden. Den **Koriander** abbrausen, trocken tupfen und die Blättchen von den Stielen zupfen. ❹ Paprikawürfel, Frühlingszwiebelringe und Koriander zum Fisch geben. Alles gut durchmischen, **pfeffern** und bei Bedarf mit **Meersalz** nachwürzen. Lachs-Ceviche in tiefen Tellern oder Schalen anrichten.

FISCHCURRY MIT CHAMPIGNONS

🕐 30 MINUTEN

❶ Zuerst die **Knoblauchzehen** und die **Schalotten** schälen. Schalotten vierteln, Knoblauch halbieren und in sehr feine Würfel schneiden. Die **Paprika** waschen, halbieren, Stiel, Samen und Scheidewände entfernen und die Schoten würfeln. **❷** Die **Pilze** mithilfe eines kleinen Messers putzen, die Stielenden dünn abschneiden und die Pilze je nach Größe in mundgerechte Stücke schneiden. **Koriander** abbrausen, trocken tupfen und die Blättchen vom Stiel zupfen. **❸** Das **Fischfilet** kurz abspülen, dann mit Küchenpapier trocken tupfen und ebenfalls in mundgerechte Stücke schneiden. In eine Schüssel geben und mit **Meersalz** würzen. **❹** Eine große Pfanne mit der Hälfte des **Kokosöls** erhitzen und den Fisch darin bei mittlerer Hitze rundherum etwa 3 Minuten anbraten. Anschließend aus der Pfanne nehmen und in einer Schüssel beiseitestellen. **❺** Eine weitere Pfanne mit dem restlichen **Kokosöl** erhitzen und darin Pilze, Schalotten, Paprika und Knoblauch ebenfalls 3 Minuten bei mittlerer Hitze anschwitzen. **Curry** und **Kokosmehl** darüberstäuben und kurz mit anschwitzen. **❻** Mit **Kokosmilch** ablöschen und weitere 5 Minuten bei mäßiger Hitze köcheln lassen. Alles mit **Curry** und **Meersalz** würzen und mit **Zitronensaft** abschmecken. **❼** Nun den Fisch zum Curry geben und kurz ziehen lassen. Anschließend in tiefen Tellern anrichten und die Korianderblättchen gleichmäßig auf beiden Portionen verteilen.

FÜR 2 PERSONEN

2 Knoblauchzehen
2 Schalotten
1 rote Paprikaschote
1 Handvoll Champignons
3 Korianderstängel
1 ½ Handvoll Fischfilet
(Lachs, Seelachs oder
Kabeljau – sei flexibel)
etwas Meersalz
4 EL Kokosöl
2 TL milder Curry
2 EL Kokosmehl
1 ½ Dosen Kokosmilch
etwas frisch gepresster
Saft von 1 Zitrone

SAIBLINGSFILET AN ERBSEN-MINZ-PÜREE

🕐 25 MINUTEN

FÜR 2 PERSONEN

2 Minzestängel
1 kleine Orange
1 Handvoll frische gepalte Erbsen
2 EL Traubenkernöl
etwas Meersalz
etwas Pfeffer
etwas frisch gepresster
Saft von 1 Zitrone
2 Saiblingsfilets
1 EL Olivenöl

Das A und O für das Gelingen des Erbsen-Minz-Pürees sind zuckersüße Erbsen. Achte beim Kauf einfach darauf, dass du besonders flache Schoten bekommst. Je praller die Schote ist, desto dicker zwar die Erbse, aber umso neutraler bis bitter auch der Geschmack.

❶ **Minze** abbrausen, trocken tupfen, Blättchen abzupfen und fein hacken. Den Saft der **Orange** auspressen. Die **Erbsen** mit einer Gabel zerdrücken. ❷ Anschließend die Hälfte der Minze mit dem Orangensaft, den Erbsen und dem **Traubenkernöl** in einen Mixbecher geben und mit einem Pürierstab zu einem feinen Püree verarbeiten. Mit **Meersalz** und **Pfeffer** würzen und die übrige Minze untermischen. Mit **Zitronensaft** abschmecken. ❸ Die **Saiblingsfilets** unter fließendem kaltem Wasser waschen, mit Küchenpapier trocken tupfen und von etwaigen Gräten befreien. Die Saiblingsfilets auf einem großen Teller beidseitig mit **Olivenöl** bepinseln und mit **Meersalz** und **Pfeffer** würzen. ❹ Eine Pfanne erhitzen und die Saiblingsfilets zuerst auf der Hautseite bei mittlerer Hitze etwa 3 Minuten goldbraun braten. Anschließend die Filets wenden und auf der anderen Seite weitere 3 Minuten fertig braten. ❺ Das Erbsen-Minz-Püree mithilfe eines Esslöffels in Nockenformen auf großen Tellern platzieren. Die Saiblingsfilets daneben anrichten.

ROTES THAI-CURRY MIT JASMINREIS

🕒 30 MINUTEN   **VEGAN**

1 **Jasminreis** in einer Schüssel mit Wasser spülen, das Wasser abgießen und diesen Vorgang wiederholen, bis das Wasser klar ist. Dann den Reis nach Packungsanweisung in **Salzwasser** kochen. **2** In der Zwischenzeit das **Marktgemüse** putzen bzw. schälen, eventuell waschen und alles in Rauten schneiden. Den **Tofu** ebenfalls in Rauten schneiden. Die **Knoblauchzehe** schälen und in sehr feine Würfel schneiden. Die **Cashewkerne** in einer Pfanne ohne Zugabe von Fett bei mittlerer Hitze von allen Seiten goldbraun rösten. **3** Einen großen Topf mit **Kokosöl** erhitzen und den Knoblauch darin bei schwacher Hitze kurz farblos anschwitzen. Das Gemüse hinzugeben und bei mittlerer Hitze im geschlossenen Topf 3–4 Minuten dünsten. **4** **Kokosblütensirup** dazugeben und das Gemüse damit karamellisieren, dann die **Currypaste** und die **Sojasauce** hinzugeben und mit **Kokosmilch** aufgießen. Jetzt den Tofu hinzugeben. **5** Das Curry mit **Meersalz** und **Zitronensaft** abschmecken und weitere 3 Minuten bei schwacher Hitze köcheln lassen. Falls noch nicht die gewünschte Konsistenz erreicht ist, etwas **Maisstärke** einrühren und das Curry erneut aufkochen. **6** Den Jasminreis in Schälchen anrichten. Das Curry ebenfalls in einer tiefen Schale anrichten und mit gerösteten Cashewkernen und **Chilifäden** garnieren.

FÜR 2 PERSONEN

½ Becher Jasminreis
1 TL Meersalz
2 Handvoll Marktgemüse (z. B. Erbsenschoten, Wurzelgemüse, Sprossen, Mu-Err-Pilze)
1 kleines Stück geräucherter Tofu (abgepackt)
1 Knoblauchzehe
2 EL Cashewkerne
2 EL Kokosöl
2 EL Kokosblütensirup
1 TL rote Currypaste
1 TL Sojasauce
1 kleine Dose Kokosmilch
1 EL frisch gepresster Saft von 1 Zitrone
1 EL Maisstärke
wenige Chilifäden zum Garnieren

HÜHNERBRUST MIT RATATOUILLE-GEMÜSE

🕐 35 MINUTEN

FÜR 2 PERSONEN

2 Handvoll festkochende Drillinge (kleine Kartoffeln)
1 EL Rosmarinöl
etwas Meersalz
etwas Pfeffer
1 mittelgroße Zucchini
1 kleine Aubergine
1 Schalotte
1 Knoblauchzehe
2 Hähnchenbrustfilets
3 EL Kokosöl
½ TL edelsüßes Paprikapulver
5 EL Tomatenmark
1 Dose gehackte Tomaten
½ Becher Geflügelfond
2 Rosmarinzweige zum Garnieren

① Den Backofen auf 180 °C Umluft (200 °C Ober-/Unterhitze) vorheizen. **Drillinge** waschen, putzen und ungeschält vierteln. Auf einem mit Backpapier belegten Backblech verteilen. Mit **Rosmarinöl** beträufeln und mit **Meersalz** und **Pfeffer** würzen. **②** Im Backofen 25–30 Minuten goldbraun garen. **③** In der Zwischenzeit **Zucchini** und **Aubergine** waschen und die Enden dünn abschneiden. Zucchini halbieren und die Kerne herauskratzen. Zucchinihälften in 1 cm große Würfel schneiden. Die Aubergine der Länge nach vierteln und die Viertel ebenfalls in 1 cm große Würfel schneiden. **④** **Schalotte** und **Knoblauchzehe** schälen und beides in sehr feine Würfel schneiden. Die **Hähnchenbrust** waschen, mit Küchenpapier trocken tupfen und von etwaigen Sehnen befreien. Rundherum mit **Meersalz** und **Pfeffer** würzen. **⑤** Eine Pfanne mit 1 EL **Kokosöl** erhitzen und die Hähnchenbrust darin von jeder Seite bei starker Hitze 1–2 Minuten goldbraun anbraten. Anschließend die Hitze reduzieren und die Hähnchenbrust bei mittlerer Hitze fertig garen. Aus der Pfanne nehmen und im vorgeheizten Backofen warm halten. **⑥** Das restliche **Kokosöl** in einem Topf erhitzen und die Schalottenwürfel und den Knoblauch darin bei schwacher Hitze für wenige Minuten farblos anschwitzen. Das Gemüse hinzugeben und weitere 3 Minuten mitrösten. Mit **Paprika, Meersalz** und **Pfeffer** würzen. **⑦** Das **Tomatenmark** hinzugeben und kurz mitrösten. Das Röstgemüse erst mit **gehackten Tomaten,** dann mit dem **Geflügelfond** wenige Minuten einkochen lassen, bis es die Flüssigkeit angenommen hat. **⑧** Dieses Gericht kommt auf einem ovalen Teller besonders gut zur Geltung. Pro Person mittig 2 EL von dem Ratatouille-Gemüse auf dem Teller anrichten und darauf die Hähnchenbrust platzieren. Rechts daneben die Rosmarinkartoffeln geben. Die Kartoffeln mit einem frischen **Rosmarinzweig** garnieren.

SEELACHSFILET MIT PAK CHOI UND COUSCOUS

⏱ 35 MINUTEN

1 Den **Gemüsefond** in eine mittelgroße Pfanne geben, er sollte etwa so hoch, wie die Fischfilets sind, stehen. Die **Seelachsfilets** darin bei geringer Hitze zugedeckt 5–6 Minuten dünsten. Auf einem Teller warm halten und den Fond aufheben. **2** **Schalotten** und **Knoblauchzehe** schälen, beides halbieren und in sehr feine Würfel schneiden. **Gemüse** putzen und alles in feine Streifen schneiden. **3** Einen kleinen Topf mit **Kokosöl** erhitzen und die Schalotten- und Knoblauchwürfel darin bei schwacher Hitze wenige Minuten farblos anschwitzen. Mit dem zurückbehaltenen Fond und der **Sojasauce** aufgießen, anschließend das Gemüse hinzugeben. Mit **Meersalz** und **Pfeffer** würzen. Bei schwacher Hitze 4–5 Minuten bissfest garen. **4** Die **Maisstärke** mit etwas Wasser anrühren und das Gemüse damit binden, bis die gewünschte Konsistenz erreicht ist. **5** In einem weiteren Topf Wasser zusammen mit **Butter** und etwas **Meersalz** aufkochen. Jetzt den **Couscous** und ein paar Tropfen **Zitronensaft** hinzugeben und das Ganze aufkochen lassen. Schließlich den Topf von der Herdplatte nehmen und zugedeckt quellen lassen. **6** Die **Minze** waschen, trocken schütteln und die Blättchen vom Stängel zupfen. In sehr feine Streifen schneiden. **7** Bevorzugt in großen, tiefen Tellern auf der linken Hälfte den Couscous und rechts daneben das Asia-Gemüse anrichten. Das Seelachsfilet mittig drapieren und den Couscous mit Minze garnieren.

FÜR 2 PERSONEN

½ Becher Gemüsefond
2 Seelachsfilets
2 Schalotten
1 Knoblauchzehe
1 Handvoll Asia-Gemüse
(Pak Choi, Sojasprossen, Bambussprossen oder Wurzelgemüse)
2 EL Kokosöl
1 Schuss Sojasauce
etwas Meersalz
etwas Pfeffer
½ TL Maisstärke
1 EL Butter
½ Becher Couscous
einige Tropfen frisch gepresster Saft von 1 Zitrone
1 Minzestängel

FITNESS-DINKEL-VOLLKORNPASTA ALL'ARRABBIATA

VEGGIE 🕒 25 MINUTEN

FÜR 2 PERSONEN

2 Handvoll Vollkorn-Dinkelnudeln
etwas Meersalz
2 Schalotten
1 Knoblauchzehe
2 EL Kokosfett
6 getrocknete Tomaten in Öl
1 Dose gehackte Tomaten
½ Becher Geflügelfond
6 Kirschtomaten
1 kleine Chilischote
6 schwarze Oliven
1 Basilikumstängel
2 EL gehobelter Parmesan
(am besten mit dem
Sparschäler hobeln)

❶ **Vollkornnudeln** in ausreichend kochendem **Salzwasser** nach Packungsanweisung al dente kochen. Dann abgießen und abtropfen lassen. ❷ In der Zwischenzeit **Schalotten** und **Knoblauchzehe** schälen und beides in sehr feine Würfel schneiden. Das **Kokosfett** in einem kleinen Topf erhitzen. Die Schalotten- und Knoblauchwürfel darin bei schwacher Hitze wenige Minuten farblos anschwitzen. ❸ **Getrocknete Tomaten** halbieren und mit den **Dosentomaten** dazugeben. Bei mittlerer Hitze kurz anschwitzen. **Geflügelfond** aufgießen und die Flüssigkeit auf ein Drittel reduzieren. ❹ Die **Kirschtomaten** waschen, abtropfen lassen und halbieren. Von der **Chilischote** Samen und Scheidewände entfernen und die Schote in sehr feine Ringe schneiden. Beides zu den Tomaten geben und **salzen.** ❺ Gekochte Pasta zugeben und gut mit dem Sugo vermengen. Die **Oliven** gegebenenfalls entsteinen und jede Olive in vier bis fünf Ringe schneiden. Das **Basilikum** waschen, trocken tupfen, die Blättchen abzupfen und grob schneiden. ❻ Vollkornnudeln in tiefen Tellern anrichten und mit **Parmesan,** Oliven und Basilikum verfeinern.

LAMMCHOPS MIT WILDKRÄUTERSALAT

🕐 40 MINUTEN; BEI ZUBEREITUNG IM OFEN 1 STUNDE

1 Zunächst das **Lammkarree** unter fließendem kaltem Wasser abwaschen, mit Küchenpapier trocken tupfen und von weißen Fettsehnen und überschüssigem Fett befreien. Dazu die Messerklinge leicht (10–15 Grad) nach oben halten und unter der Fettsehne in einem langen Schnitt herschneiden. Die Knochen mithilfe eines kleinen Messers putzen und von Fleisch und/oder Fettresten befreien. **2** Für die Zubereitung auf dem Grill das Lammkarree mit etwas **Meersalz** und **Pfeffer** würzen, dann in einer Alu-Grillschale bei mittlerer Hitze von allen Seiten mit etwas **Rapsöl** angrillen. Das Lammkarree mehrmals wenden, sodass eine gleichmäßige Bräune entsteht. Das Fleisch mit einem leichten rosa Kern servieren. **3** Für die Zubereitung in der Pfanne bzw. im Backofen diesen zunächst auf 100 °C Umluft (120 °C Ober-/Unterhitze) vorheizen, anschließend das Lammkarree mit etwas **Meersalz** und **Pfeffer** würzen und in heißem **Rapsöl** bei starker Hitze von allen Seiten gleichmäßig anbraten, bis eine dunkelbraune Schicht auf dem Fleisch erkennbar ist. Im Backofen 25–30 Minuten (je nach Größe) rosa garen. **4** In der Zwischenzeit die **Kräuter** für die Kräuterkruste waschen, trocken schütteln und die Blättchen abzupfen. Das **Brot** würfeln und mit den Kräutern im Mixer fein zerkleinern. **5** Die Kräutermischung über das Lammkarree streuen und die **Butter** in kleinen Flocken darauf verteilen. Die Backofentemperatur auf 200 °C Umluft (220 °C Ober-/Unterhitze) erhöhen. Das Karree 3–4 Minuten goldbraun überbacken. Am besten gelingt das, wenn der Backofen auf Grillfunktion eingestellt ist. Das Lammkarree in Chops oder Koteletts schneiden, dazu entlang der Knochen zerteilen. **6** In der Zwischenzeit die **Wildkräuter** waschen und vorsichtig trocken schleudern. Alle **Zutaten** für das Dressing in einen Mixbecher geben und mit einem Pürierstab schaumig rühren, dann nochmals mit **Meersalz, Pfeffer** und ein wenig **Zitronensaft** abschmecken. **7** Eine kleine Pfanne ohne Öl erhitzen, darin die **Koriandersamen** und **Sesamkörner** bei mittlerer Hitze für wenige Sekunden leicht anrösten, bis sie zu springen beginnen. **8** Das Dressing unter den Salat heben, die gerösteten Koriandersamen und die Sesamkörner zugeben und mit dem Fleisch servieren. Dazu den mit Rapsöl-Vinaigrette marinierten Wildkräutersalat auf zwei tiefen Tellern platzieren und auf jeden Teller drei bis vier Lammchops geben.

FÜR 2 PERSONEN

1 Lammkarree für 2 Personen
etwas Meersalz
etwas Pfeffer
2 EL Rapsöl

Für die Zubereitung im Ofen

2 EL gehackte Kräuter (z. B. Thymian, Rosmarin und Petersilie)
1 Scheibe Weißbrot
2 EL weiche Butter

Für den Wildkräutersalat

2 Handvoll Wildkräuter (Brennnesseln, Brunnenkresse, Giersch, Löwenzahn, Sauerampfer, Wiesenkümmel, Sauerklee oder Scharbockskraut)
2 EL Koriandersamen
2 EL Sesamkörner

Für die Rapsöl-Vinaigrette

⅛ Becher Rapsöl
1 Schuss Apfelessig
wenig Weißweinessig
¼ TL Akazienhonig
¼ TL Dijon-Senf
¼ Becher Geflügelfond
etwas Pfeffer
etwas frisch gepresster Saft von 1 Zitrone
etwas Meersalz

FISCHFILET IN PERGAMENTPAPIER

🕐 35 MINUTEN

FÜR 2 PERSONEN

2 Lachsfilets
1 Biozitrone
2 Thymianzweige
2 EL Olivenöl
etwas Meersalz
etwas Pfeffer
1 kleiner Radicchio
1 kleine Fenchelknolle
1 Orange
10 Pistazienkerne

Großer Vorteil dieser Zubereitungsart in Pergamentpapier ist, dass wirklich keine Aromen entweichen können. Du kannst diese Zubereitungsart übrigens auch auf jeden anderen Fisch, auf Fleisch, sogar auf Gemüse übertragen. Du wirst vom intensiven Geschmack begeistert sein.

1 Zuerst den Backofen auf 120 °C Umluft (140 °C Ober-/Unterhitze) vorheizen. Die **Lachsfilets** unter fließendem kaltem Wasser abwaschen und mit Küchenpapier trocken tupfen. Die **Zitrone** unter heißem Wasser abspülen und mit einem Tuch trocken reiben. Anschließend die Enden der Zitrone abschneiden und die Zitrone der Länge nach halbieren. Die Hälften wiederum in Scheiben schneiden. Die **Thymianzweige** waschen und trocken tupfen. **2** Zwei Bögen Pergamentpapier auf der Arbeitsfläche ausbreiten und in die Mitte jedes Bogens ein Lachsfilet legen. Jedes Filet mit ½ EL **Olivenöl** einreiben und mit **Meersalz** und **Pfeffer** würzen. Je zwei bis drei Zitronenscheiben auf ein Fischfilet legen und einen Thymianzweig darauf platzieren. **3** Nun die Pergamentbögen so einrollen, dass keine Aromen und Flüssigkeiten entweichen können. Die beiden überstehenden Seiten lassen sich mit einem Bindfaden sehr leicht schließen. Die beiden Lachspakete im Backofen auf der mittleren Schiene 10–12 Minuten garen. **4** In der Zwischenzeit den **Radicchio** vorsichtig auf der Arbeitsfläche hin- und herrollen, dann lösen sich die Blätter wesentlich leichter vom Kopf. Die Blätter ablösen, abbrausen und mit Küchenpapier trocken tupfen. **5** Den **Fenchel** putzen, die einzelnen Stücke vom Strunk befreien, waschen und mit Küchenpapier trocken tupfen. Schönes Fenchelgrün für die Garnitur beiseitelegen. Die Fenchelstücke in mundgerechte, etwa zeigefingerbreite Streifen schneiden. **6** Die **Orange** schälen, dazu zunächst die Enden der Orange abschneiden und dann die Schale der Länge nach abschneiden, sodass dabei auch die weiße Unterhaut vollständig entfernt wird. Als Rechtshänder hält man die Orange zum Auslösen der Fruchtfilets in der linken Hand und schneidet mit der rechten Hand über einer Schüssel nach und nach jedes Fruchtsegment direkt an den beiden Trennhäuten ein, so lässt sich das Fruchtfilet einfach auslösen (Linkshänder machen es umgekehrt). Den dabei austretenden Saft in einer Schüssel auffangen. Die übrigen Häute über der Schüssel gut ausdrücken. **7** Als Nächstes die **Pistazien** in einem Mörser zerstoßen oder alternativ in einen Gefrierbeutel geben und mit einem Nudelholz mehrmals darüberfahren. Die zerkleinerten Pistazienkerne mit Orangensaft, Orangenfilets, Fenchel und restlichem **Olivenöl** in einer Schüssel vermischen, mit **Meersalz** und **Pfeffer** würzen. **8** Nun die Radicchioblätter auf einer Arbeitsfläche nebeneinander ausbreiten und die Orangenfüllung gleichmäßig darauf verteilen. Die Radicchiopäckchen mit dem Lachs in Pergamentpapier auf Tellern anrichten, sodass der Überraschungseffekt bis zum Öffnen der Päckchen bewahrt wird. Deshalb in jedem Fall geschlossen servieren.

TROPISCHE HÜHNCHEN-KRÄCKER

🕐 25 MINUTEN

1 Zuerst die **Knäckebrote** dünn mit **Butter** bestreichen. Die **Mango** schälen und die Fruchtfilets links und rechts entlang des Kerns abschneiden. Die Fruchtfilets wiederum längs in dünne Scheiben schneiden. **2** Mit der Hälfte des **Olivenöls,** etwas **Meersalz** und **Pfeffer** in einer Schüssel marinieren. Die **Minze** waschen, trocken tupfen, die Blättchen von den Stielen zupfen und in feine Streifen schneiden. Die Minze zu der Mango geben und die Masse erneut vorsichtig vermischen. **3** Die **Hähnchenbrustfilets** waschen, mit Küchenpapier trocken tupfen und von etwaigen Sehnen und überschüssigem Fett befreien. **4** Dann mit etwas **Meersalz** und **Pfeffer** würzen und in einer mit dem restlichen **Olivenöl** erhitzten Pfanne von beiden Seiten für wenige Minuten bei mittlerer Hitze goldbraun braten. Das Fleisch auf einem Teller kurz abkühlen lassen und in zeigefingerdicke Streifen schneiden. **5** Die Knäckebrote mit den marinierten Mangoscheiben belegen, die Hähnchenstreifen daraufgeben und die Knäckebrote noch einmal mit etwas **Meersalz** und **Pfeffer** würzen.

FÜR 2 PERSONEN

4 Vollkorn-Knäckebrote
wenig Butter
1 Mango
2 EL Olivenöl
etwas Meersalz
etwas Pfeffer
2 Minzestängel
2 Hähnchenbrustfilets

SHAPE FOOD

DINKELBROT MIT SCHNITTLAUCH-KRABBEN-RÜHREI

🕒 15 MINUTEN

FÜR 2 PERSONEN

4 Scheiben Vollkorn-Dinkelbrot
1 EL Butter
½ Bund Schnittlauch
4 Eier
1 Schuss Sahne
etwas Meersalz
etwas Pfeffer
½ Handvoll Nordseekrabben

1 Als Erstes die **Dinkelbrote** dünn mit **Butter** bestreichen. Den **Schnittlauch** vorsichtig abbrausen und gut ausschütteln. Dann in sehr feine Röllchen schneiden und beiseitestellen. **2** Die **Eier** in einen Mixbecher aufschlagen und mit der **Sahne** mit einem Pürierstab verquirlen. Mit **Meersalz** und **Pfeffer** würzen. Den Schnittlauch unterheben. **3** Die restliche **Butter** in einer mittelgroßen Pfanne bei mäßiger Hitze zerlassen und die Eiermasse hinzugeben, sobald die Butter sich verflüssigt hat. Das Rührei unter ständigem Rühren braten, dann die **Nordseekrabben** unterheben, das Krabbenrührei gleichmäßig auf den Broten verteilen und genießen.

LÖWENZAHNSALAT MIT PFIRSICH

🕐 25 MINUTEN

1 Ein Stück Backpapier so zurechtschneiden, dass es in die Mikrowelle passt. Darauf gleichmäßig zwei Kreise mit geriebenem **Parmesan** mit ausreichend Abstand zueinander ausstreuen, da der Käse während des Erhitzens zerläuft. Den Parmesan auf dem Backpapier 1–2 Minuten in der Mikrowelle erhitzen, bis er eine gleichmäßige goldbraune Farbe angenommen hat. **2** Für den Salat den **Löwenzahn** verlesen, in reichlich Wasser waschen und trocken schleudern. Eventuell die Stielenden abschneiden und den Löwenzahn in mundgerechte Stücke zupfen bzw. schneiden. Die **Schinkenscheiben** quer in feine Streifen schneiden. **3** Eine Pfanne ohne Zugabe von Fett erhitzen und darin die **Mandeln** bei mäßiger Hitze wenige Sekunden kurz rundherum anrösten. Auf einen kleinen Teller geben und kurz abkühlen lassen. **4** In der Zwischenzeit die **Pfirsiche** schälen, halbieren, entsteinen und in dünne Spalten schneiden. Den **Limettensaft** in eine Schüssel auspressen und mit dem flüssigen **Honig** verrühren. Das Dressing mit **Meersalz** und **Pfeffer** abschmecken. Die Mandeln grob hacken. **5** Löwenzahnblätter, Pfirsichspalten und Schinkenstreifen in einer Schüssel mit dem Dressing marinieren und den Salat auf zwei Tellern gleichmäßig verteilen. Mit Parmesankräckern, Mandelsplittern und **essbaren Blüten** garnieren.

FÜR 2 PERSONEN

2 EL geriebener Parmesan
1 Handvoll junger Löwenzahn
2 hauchdünne Scheiben Serranoschinken
1 EL geschälte Mandeln
2 weiße Pfirsiche
1 kleine Limette
1 Schuss flüssiger Honig
etwas Meersalz
etwas Pfeffer
wenige essbare Blüten
(z. B. Löwenzahnblüten, Schnittlauchblüten, Borretschblüten)

Tipp

Alle Nüsse und Nusskerne, die du anröstest, bekommen durch den Röstvorgang ein Vielfaches an Mehrgeschmack.

THUNFISCHTATAR MIT AVOCADO UND SHIITAKE

🕐 25 MINUTEN

FÜR 2 PERSONEN

1 kleine Avocado
1 Limette
etwas Shiso-Kresse
etwas Meersalz
etwas Pfeffer
1 kleines Bund Rucola
1 Thunfischfilet ohne Haut für 2 Personen
1 Frühlingszwiebel
2 EL Olivenöl
etwas frisch gepresster Saft von 1 Zitrone
2 getrocknete Shiitake-Pilze

1 Die **Avocado** der Länge nach halbieren, die Hälften durch eine Drehung voneinander trennen und entkernen. Das Fruchtfleisch mithilfe eines Löffels aus den Schalen schaben und in einen großen Mörser geben. Den Saft der **Limette** auspressen und die Hälfte davon zur Avocado geben. Zusammen zu einem grobstückigen Püree verarbeiten. **2 Shiso-Kresse** abbrausen, trocken tupfen und unter das Avocadopüree heben. Mit **Meersalz** und **Pfeffer** würzen. Den **Rucola** verlesen, waschen, trocken schleudern und in mundgerechte Stücke zerkleinern. Das **Thunfischfilet** unter fließendem kaltem Wasser abwaschen, mit Küchenpapier trocken tupfen und sehr fein hacken. In eine Schüssel geben und den restlichen Limettensaft unterrühren. **3** Die **Frühlingszwiebel** putzen, waschen, vom dunklen Grün befreien und den Rest in feine Ringe schneiden. Ebenfalls unter den Fisch rühren. Das Tatar mit **Meersalz** und **Pfeffer** würzen. **4** Den Rucola in einer Schüssel mit **Olivenöl,** etwas **Meersalz** und **Pfeffer** marinieren. Mit etwas **Zitronensaft** abschmecken. **5** Dann den Rucolasalat in der Mitte der Teller platzieren. Darüber einen Metallring mit etwa 6 cm Durchmesser legen, das Thunfischtatar einfüllen und glatt verstreichen. Avocadopüree darauf verteilen, dann den Metallring entfernen. **6 Shiitake-Pilze** mit einer feinen Reibe über das Gericht hobeln.

WG-FOOD

DAMIT ALLE SATT WERDEN

Du willst es deiner Mannschaft mal so richtig zeigen und sie sprachlos sehen? Bei gutem Essen spricht man ja bekanntlich nicht, man genießt. Und damit alle mit wenig Aufwand gut versorgt sind, findest du hier meine Crew-Food-Rezepte für fünf bis sechs Personen.

GEMÜSEEINTOPF

VEGAN 🕒 30 MINUTEN

FÜR 5–6 PERSONEN

6 kleine Zucchini
3 Auberginen
je 1 rote, gelbe und
grüne Paprikaschote
1 Rispe Strauchtomaten
2 Knoblauchzehen
3 Schalotten
3 TL Olivenöl
2 Becher Gemüsebrühe
1 Lorbeerblatt
etwas Meersalz
etwas Pfeffer
3 Basilikumstängel
frisch gepresster
Saft von ½ Limette

1 **Gemüse** waschen, putzen und alles in etwa 1 cm große Würfel schneiden. **Knoblauchzehen** und **Schalotten** schälen und beides sehr fein würfeln. **2** Einen großen Topf mit dem **Olivenöl** erhitzen und darin Knoblauch und Schalotten bei schwacher Hitze wenige Minuten dünsten. Mit **Brühe** aufgießen, anschließend die Tomaten und das **Lorbeerblatt** hinzugeben und mit **Meersalz** und **Pfeffer** kräftig würzen. **3** Das Ganze wenige Minuten köcheln lassen. Anschließend das übrige Gemüse zugeben und den Eintopf bei mäßiger Hitze weitere 8–10 Minuten köcheln lassen. **4** In der Zwischenzeit das **Basilikum** waschen, trocken tupfen, die Blättchen von den Stielen zupfen und grob hacken. **5** Vor dem Servieren den Gemüseeintopf erneut mit **Meersalz** und **Pfeffer** würzen, mit etwas **Limettensaft** abschmecken und mit frisch gehacktem Basilikum garnieren.

Tipp

Dazu passen frisch gebackene Burgerbrötchen, siehe Seite 41, oder auch Baguette.

KÖTTBULLAR

🕐 20 MINUTEN PLUS 1 STUNDE 30 MINUTEN RUHEZEIT

1 Kräuter waschen, trocken tupfen bzw. schütteln, Dillspitzen und Petersilienblätter von den Stielen zupfen und beides grob hacken. Schnittlauch in feine Röllchen schneiden. **2 Hackfleisch, Ei, Milch, Semmelbrösel, Piment** und gehackte Kräuter in einer Schüssel mit den Händen zu einer gleichmäßigen Masse vermengen. Mit **Meersalz** und **Pfeffer** kräftig würzen. **3** Aus der Masse rund 60 Bällchen (ø 3 cm) formen. Am besten lässt sich die Hackmasse mit leicht angefeuchteten Händen verarbeiten. Bällchen auf mit Frischhaltefolie belegte Teller geben und abgedeckt etwa 1 Stunde 30 Minuten kalt stellen. **4** Eine große Pfanne mit 1–2 EL **Öl** erhitzen und so viel Bällchen bei mittlerer Hitze rundum goldbraun braten, wie nebeneinander in die Pfanne passen. Auf diese Weise alle Bällchen braten. **5** Die **Preiselbeerkonfitüre** als Dip reichen.

FÜR 5–6 PERSONEN

1 Bund Schnittlauch
½ Bund glatte Petersilie
½ Bund Dill
gemischtes Hackfleisch
(50 % Schwein, 50 % Rind)
für ca. 60 Köttbullar, ø 3 cm
1 Ei (Größe M)
¼ Becher Milch
½ Handvoll Semmelbrösel
1 TL gemahlener Piment
etwas Meersalz
etwas Pfeffer
4 EL Rapsöl
½ Becher Preiselbeerkonfitüre

ANTIPASTI MIT EXTRADIP

VEGGIE 🕐 40 MINUTEN

FÜR 5–6 PERSONEN

Für die Antipasti

3 Zucchini
3 Auberginen
3 rote Paprikaschoten
3 gelbe Paprikaschoten
2 Kohlrabi
18 EL Olivenöl
etwas Aceto balsamico
etwas Meersalz
etwas Pfeffer
3 Rosmarinzweige
3 Thymianzweige
12 grüne Spargelstangen
3 EL Aceto balsamico bianco

Für den Extradip

5–6 Eier
5–6 TL Butter
etwas Meersalz

Außerdem

1 Handvoll grüne Oliven
12 getrocknete Tomaten in Öl

❶ Als Erstes den Backofen auf 180 °C Umluft (200 °C Ober-/Unterhitze) vorheizen. **Zucchini, Auberginen** und **Paprika** waschen und trocken tupfen. ❷ Paprikaschoten halbieren und Stiel, Samen und Scheidewände entfernen. Paprika in zeigefingerbreite Streifen schneiden und die Streifen wiederum in Rauten schneiden. Von den Zucchini und den Auberginen die Enden dünn abschneiden und das Gemüse schräg in dünne Scheiben schneiden. Die **Kohlrabi** schälen und in dünne Scheiben schneiden. ❸ Das Gemüse in eine große Auflaufform geben und mit 15 EL **Olivenöl** und etwas **Aceto balsamico** marinieren. Mit **Meersalz** und **Pfeffer** würzen. ❹ Die **Kräuter** abbrausen, trocken tupfen und im Ganzen unter das Gemüse rühren. Im Backofen auf der mittleren Schiene 15–20 Minuten garen, bis das Gemüse eine schöne goldbraune Farbe angenommen hat. Währenddessen gelegentlich umrühren, um ein gleichmäßiges Gar- und Bräunungsergebnis zu erzielen. ❺ In der Zwischenzeit den Spargel und den Extradip vorbereiten – der Dip harmoniert hervorragend mit grünem Spargel und Antipasti. Dafür **Spargel** waschen, trocken tupfen und die Enden dünn abschneiden. ❻ Eine große Pfanne mit dem restlichen **Olivenöl** erhitzen, darin den grünen Spargel bei mäßiger Hitze für wenige Minuten rundherum anbraten, mit **Aceto balsamico bianco** ablöschen und mit **Meersalz** und **Pfeffer** würzen. ❼ Für den Dip die **Eier** 3½ Minuten in kochendem Wasser weich kochen, sodass das Eigelb noch flüssig ist. Anschließend unter fließendem kaltem Wasser abschrecken, um den Garprozess zu stoppen. ❽ Die **Butter** erhitzen. Die Eier köpfen. Die heiße Butter gleichmäßig auf die Eigelbe geben. Mit **Meersalz** würzen und fertig ist der geniale Dip. ❾ Das gebackene Gemüse und den Spargel mit den **Oliven,** den **getrockneten Tomaten** und dem Extradip auf einer großen Platte anrichten.

Achte beim Einkauf von Gemüse auf die Regionalität der Produkte. Der große Vorteil bei diesem Gericht ist, dass du Antipasti mit sämtlichen Gemüsesorten zubereiten kannst. Du solltest nur beachten, dass das Gemüse gleich groß geschnitten ist und eine gleichmäßige Konsistenz aufweist.

ZWIEBELKUCHEN

🕒 25 MINUTEN PLUS 1 STUNDE GEHZEIT
UND 40 MINUTEN BACKZEIT

① Für den Teig das **Mehl** mit dem **Meersalz** in eine Schüssel geben und vermischen. Die **Hefe** in einem Becher lauwarmem Wasser auflösen und den **Zucker** unterrühren. Mit dem **Ei** zum Mehl geben. **②** Alles mit der Küchenmaschine oder dem Knethaken des Handrührgeräts vermischen und zu einem glatten Teig kneten. Abgedeckt an einem warmen Ort etwa 1 Stunde gehen lassen. **③** In der Zwischenzeit für den Belag die **Zwiebeln** schälen und in ca. 0,5 cm dicke Ringe schneiden. Das **Butterschmalz** in einer großen Pfanne zerlassen und die Zwiebelringe darin bei mittlerer Hitze 12–15 Minuten dünsten. Anschließend abkühlen lassen. **④** Die **saure Sahne** mit der **Milch**, den **Eiern** und den **Schinkenwürfeln** verquirlen. Mit **Meersalz** und **Pfeffer** würzen. Den **Thymian** abbrausen, trocken schütteln, die Blättchen von den Stielen zupfen und fein hacken. Die **Weintrauben** waschen und trocken tupfen. **⑤** Nun den Backofen auf 200 °C Umluft (220 °C Ober-/Unterhitze) vorheizen. Ein tiefes Blech mit Backpapier auslegen. Den Teig auf einer leicht **bemehlten** Arbeitsfläche nochmals gut durchkneten, anschließend auf die Größe des Bleches ausrollen und an den Seiten rundherum einen Rand formen. Den Teig mit einer Gabel mehrmals einstechen. **⑥** Die Zwiebelringe mit den Weintrauben und dem Thymian vermengen, den **Blauschimmelkäse** dazubröseln und untermischen. Die Zwiebelmischung auf dem Teig verteilen und die Eiermilch darübergießen. Den Zwiebelkuchen im Backofen auf der untersten Schiene 35–40 Minuten goldbraun backen.

FÜR 5–6 PERSONEN

Für den Teig
2 Becher Mehl plus etwas
für die Arbeitsfläche
1 TL Meersalz
1 Würfel Hefe
1 TL Zucker
1 Ei

Für den Belag
5 Gemüsezwiebeln
2 EL Butterschmalz
1 Becher saure Sahne
1 Becher Milch
4 Eier
1 Handvoll Schinkenwürfel
etwas Meersalz
etwas Pfeffer
3 Thymianzweige
1 Handvoll kernlose Weintrauben
2 Scheiben Blauschimmelkäse

Wird der Zwiebelkuchen zu dunkel, kannst du ihn mit Backpapier einfach abdecken. Das verhindert eine weitere Verfärbung, aber der Kuchen gart trotzdem weiter.

GEFÜLLTE ÜBERBACKENE AVOCADO

🕒 35 MINUTEN

FÜR 5–6 PERSONEN

6 Avocados
etwas frisch gepresster
Saft von 1 Zitrone
etwas Meersalz
etwas Pfeffer
6 Speckscheiben
3 Hähnchenbrustfilets

Für den Tomatensalat

12 Kirschtomaten
1 kleine rote Zwiebel
4 getrocknete Tomaten in Öl
2 EL Olivenöl
1 EL Kräuteressig
etwas Meersalz
etwas Pfeffer

1 Zuerst die **Avocados** halbieren und den Kern durch eine Drehbewegung vom Fruchtfleisch lösen. Aus drei Avocados das Fruchtfleisch aus der Schale lösen und in feine Würfel schneiden. Die halbierten Avocados auf der Schnittfläche und die Avocadowürfel mit etwas **Zitronensaft** beträufeln und mit **Meersalz** und **Pfeffer** würzen. **2** Den Backofen auf 120 °C Umluft (140 °C Ober-/Unterhitze) vorheizen. Den **Speck** in einer Pfanne auslassen. Dazu eine Pfanne ohne Zugabe von Fett erhitzen und darin den Speck bei mittlerer Hitze von beiden Seiten wenige Minuten goldbraun braten. Aus der Pfanne nehmen und auf einen mit Küchenpapier ausgelegten Teller legen. Die Pfanne mit dem Fett beiseitestellen. **3** **Hähnchenbrustfilets** unter fließendem kaltem Wasser abwaschen, mit Küchenpapier trocken tupfen und von überschüssigem Fett und den Sehnen befreien. Die Filets in Würfel schneiden und in der Pfanne, in der zuvor der Speck gebraten wurde, bei mittlerer Hitze 3–4 Minuten rundherum goldbraun anbraten. Mit **Meersalz** und **Pfeffer** würzen. **4** Die Avocadowürfel zu dem Hähnchen geben, umrühren und erneut mit **Meersalz** und **Pfeffer** abschmecken. Diese Mischung auf die übrigen sechs Avocadohälften verteilen und im Backofen 12–15 Minuten backen. **5** In der Zwischenzeit für den Tomatensalat die **Tomaten** waschen, trocken tupfen und vierteln. Die **Zwiebel** schälen und in feine Würfel schneiden. Die **getrockneten Tomaten** ebenfalls fein würfeln. **6** Zwiebeln und getrocknete Tomaten mit den geviertelten Tomaten in eine Schüssel geben. Mit **Olivenöl** und **Kräuteressig** marinieren. Mit **Meersalz** und **Pfeffer** würzen. **7** Die Speckgrieben auf die Avocadohälften geben und mit dem Tomatensalat anrichten.

MEDITERRANE HÄHNCHENSCHENKEL

🕐 15 MINUTEN PLUS 50 MINUTEN BACKZEIT

❶ **Hähnchenschenkel** unter fließendem kaltem Wasser abwaschen und mit Küchenpapier trocken tupfen. Dann in zwei bis drei große Gefrierbeutel geben. ❷ Den Backofen auf 180 °C Umluft (200 °C Ober-/Unterhitze) vorheizen. **Paprikapulver, Chiliflocken,** eine Prise **Meersalz,** etwas **Pfeffer** und die **mediterrane Gewürzmischung** in einer Schüssel vermischen und gleichmäßig auf die Gefrierbeutel verteilen. Die Beutel gut verschließen, dabei ausreichend Luft im Beutel lassen, sodass eine Art Ballon mit Hähnchenschenkeln entsteht. Den Beutel mit dem Inhalt gut durchschütteln, sodass sich die Gewürze auf den Hähnchenschenkeln verteilen. ❸ Den Boden einer großen oder von zwei mittelgroßen Auflaufformen mit **Olivenöl** bestreichen, die Hähnchenschenkel aus den Beuteln nehmen und mit der Hautseite nach oben nebeneinander in die Form legen. Die Schenkel nun 20 Minuten im Backofen garen. ❹ In der Zwischenzeit das mediterrane Gemüse vorbereiten: **Zucchini, Paprikaschoten** und **Frühlingszwiebeln** waschen und trocken tupfen. Die Paprika halbieren, Stiel, Samen und Scheidewände entfernen und die Schoten in würfelgroße Stücke schneiden. Die Enden der Zucchini dünn abschneiden und die Zucchini in Würfel schneiden. Wurzelansatz und dunkles Grün der Frühlingszwiebeln abschneiden und den Rest in Ringe schneiden. **Zwiebel** und **Knoblauch** schälen und beides sehr fein würfeln. **Rosmarin** waschen und trocken tupfen. ❺ Alles in einer Schüssel miteinander vermischen. Mit dem **Chili-Knoblauch-Öl** und einigen Spritzern **Zitronensaft** marinieren und mit **Meersalz** und **Pfeffer** würzen. ❻ Die Auflaufform mit den Hähnchenschenkeln nach 20 Minuten aus dem Ofen holen. Das Gemüse auf dem Boden der Auflaufform verteilen und die Hähnchenschenkel gleichmäßig auf dem Gemüsebett auslegen. Nun das Ganze weitere 30 Minuten garen. Vor dem Servieren des Gemüses alles noch einmal umrühren.

FÜR 5–6 PERSONEN

8 Hähnchenschenkel
4 EL Paprikapulver
2 EL Chiliflocken
etwas Meersalz
etwas Pfeffer
2 EL mediterrane Gewürzmischung
etwas Olivenöl
3 Zucchini
2 rote Paprikaschoten
2 gelbe Paprikaschoten
5 Frühlingszwiebeln
1 Zwiebel
3 Knoblauchzehen
5 Rosmarinzweige
2 EL Chili-Knoblauch-Öl
einige Spritzer frisch gepresster Saft von 1 Zitrone

Chili-Knoblauch-Öl kannst du ganz einfach selbst herstellen, indem du eine Karaffe oder kleine Flasche mit Olivenöl füllst, einige getrocknete Chilischoten und wenige frische Knoblauchzehen hinzugibst und das Gefäß geschlossen wenige Stunden ziehen lässt.

SPINAT-RICOTTA-LASAGNE MIT TOMATENSAUCE

🕒 30 MINUTEN PLUS 45 MINUTEN BACKZEIT

FÜR 5–6 PERSONEN

12 Lasagneplatten
(zum Vorkochen)
etwas Meersalz
3–4 Handvoll Blattspinat
1 Zwiebel
1 Knoblauchzehe
1 EL Olivenöl
etwas Pfeffer
etwas Muskatnuss
1 Becher Ricotta
½ Handvoll gehobelter
Parmesan
etwas Butter in Flöckchen
1 Tube Tomatenmark
wenig Thymian
1 Prise Zucker

❶ Den Backofen auf 180 °C Umluft (200 °C Ober-/Unterhitze) vorheizen. Die **Lasagneplatten** in kochendem **Salzwasser** nach Packungsanweisung kurz bissfest kochen, kalt abspülen, abtropfen lassen und auf einem feuchten Tuch auslegen. ❷ **Spinat** gründlich waschen, putzen und grob hacken. **Zwiebel** und **Knoblauch** schälen, fein hacken und in wenig **Olivenöl** leicht anschwitzen, den Spinat zugeben und mit **Pfeffer** und einem Hauch **Muskat** würzen. Den **Ricotta** mit zwei Dritteln des **Parmesans** verrühren. ❸ Eine Auflaufform mit dem restlichen **Olivenöl** ausstreichen und den Boden mit vier Lasagneplatten auslegen. Mit der Hälfte der Ricottamasse bestreichen und mit der Hälfte des Spinats bedecken. ❹ Darauf wieder je eine Schicht Lasagneplatten, Ricotta und Spinat geben. Mit Lasagneplatten abschließen und diese mit dem restlichen **Parmesan** und den **Butterflöckchen** bestreuen. Die Lasagne auf der mittleren Schiene des Backofens ca. 45 Minuten garen. ❺ Inzwischen das **Tomatenmark** aufkochen, mit **Meersalz** und **Thymian** würzen und nach Belieben **zuckern.** ❻ Die fertige Lasagne in große Stücke teilen und mit der Tomatensauce servieren.

KÜRBIS-FLAMMKUCHEN MIT RUCOLA UND PARMASCHINKEN

🕐 30 MINUTEN PLUS 1 STUNDE GEHZEIT UND 30 MINUTEN BACKZEIT

1 Hefe in 10 EL lauwarmem Wasser auflösen. Mit **Mehl, Buttermilch, Olivenöl** und 1 TL **Meersalz** zu einem glatten Teig verkneten. Den Teig zu einer Kugel formen und in einer Schüssel zugedeckt an einem warmen Ort etwa 1 Stunde gehen lassen. **2** In der Zwischenzeit den **Kürbis** waschen, trocken tupfen, halbieren, entkernen und mit Schale in dünne Streifen hobeln. Die **Schalotten** schälen und in sehr feine Ringe schneiden. **Rosmarin** waschen, trocken tupfen, die Nadeln abzupfen und grob hacken. Den Backofen auf 200 °C Umluft (220 °C Ober-/Unterhitze) vorheizen. **3** Jetzt den Teig auf einer **bemehlten** Arbeitsfläche mit den Händen erneut durchkneten, in fünf bis sechs Portionen teilen und jeweils auf einem Stück Backpapier dünn oval ausrollen. **4 Crème fraîche** mit etwas **Meersalz** und **Pfeffer** in einer Schüssel verrühren und auf die Fladen streichen. Kürbis, Schalotten und Rosmarin darauf verteilen, erneut **salzen** und **pfeffern. 5** Nacheinander jeweils einen Fladen mit dem Backpapier auf das Blech ziehen und im Backofen auf der untersten Schiene 10–15 Minuten goldbraun backen. **6** Den **Rucola** waschen und trocken schleudern. Den **Schinken** in mundgerechte Stücke zupfen. Beides auf den Flammkuchen verteilen, mit dem **Olivenöl** beträufeln und heiß servieren.

FÜR 5–6 PERSONEN

Für den Teig
1 Würfel Hefe
2 ½ Becher Mehl plus etwas für die Arbeitsfläche
1 ¼ Becher Buttermilch
5 EL Olivenöl
etwas Meersalz

Für den Belag
1 ½ große Hokkaidokürbisse
5 Schalotten
5 Rosmarinzweige
2 ½ Becher Crème fraîche
etwas Meersalz
etwas Pfeffer
2–3 Handvoll Rucola
10 Scheiben luftgetrockneter Schinken
5 EL Olivenöl

MEIN KLASSIKER CHILI CON CARNE

🕒 30 MINUTEN PLUS 30 MINUTEN GARZEIT

FÜR 5–6 PERSONEN

3 große Zwiebeln
2 grüne Paprikaschoten
3 rote Chilischoten
6 EL Rapsöl
2 Handvoll Rinderhackfleisch
etwas Meersalz
1 ½ TL edelsüßes Paprikapulver
3 Knoblauchzehen
2 kleine Dosen
geschälte Tomaten
1 großer Becher Rinderbrühe
1 Tube Tomatenmark
3 Dosen Kidneybohnen
Cayennepfeffer nach Geschmack

❶ Die **Zwiebeln** schälen und in feine Ringe schneiden. **Paprika-** und **Chilischoten** waschen, Stiel, Samen und Scheidewände entfernen und die Schoten in kleine Stücke schneiden. ❷ Das **Öl** in einer großen Pfanne erhitzen und das **Hackfleisch** darin unter häufigem Rühren etwa 15 Minuten braun braten. Wenn die Pfanne nicht groß genug für das ganze Fleisch ist, besser in zwei oder drei Portionen braten. ❸ Das Fleisch in einen großen Topf geben und mit **Meersalz** und **Paprikapulver** würzen. Zwiebeln, Paprika- und Chilischoten im zurückgebliebenen Fett in der Pfanne dünsten. **Knoblauch** schälen und dazupressen. ❹ Die Gemüsemischung mit den **geschälten Tomaten,** der **Rinderbrühe** und dem **Tomatenmark** in den Fleischtopf geben, aufkochen lassen und bei schwacher Hitze 15–20 Minuten weiterdünsten. ❺ **Kidneybohnen** in einem Sieb abtropfen lassen, kurz mit kaltem Wasser abspülen und im Topf weitere 5–10 Minuten mitgaren. Mit **Meersalz** und **Cayennepfeffer** abschmecken.

Tipp

Nach Belieben mit einigen Chilifäden garnieren. Dazu passt geröstetes Weißbrot.

VEGGIE-PIZZA MIT THAI-SPARGEL

VEGGIE

🕒 30 MINUTEN PLUS 1 STUNDE GEHZEIT
UND 14 MINUTEN BACKZEIT

❶ Für den Pizzateig **Mehl, Polenta** und **Meersalz** in einer Schüssel gut vermischen. **Hefe** in 1½ Becher lauwarmes Wasser bröseln und darin auflösen. Mit dem **Öl** zum Mehl geben. Alles mit den Händen zu einem glatten Teig verarbeiten. Abgedeckt an einem warmen Ort etwa 1 Stunde gehen lassen. ❷ 30 Minuten vor dem Backen den Ofen auf 180 °C Umluft (200 °C Ober-/Unterhitze) vorheizen und dabei das Backblech oder eventuell den Pizzastein unten in den Ofen schieben. ❸ Für den Belag den **Knoblauch** schälen und in sehr feine Würfel schneiden. Den Knoblauch niemals pressen, sonst wird er bitter. Den **Spinat** mehrmals in reichlich Wasser waschen und trocken schleudern. ❹ Eine große Pfanne mit 3 EL **Olivenöl** erhitzen und den Knoblauch darin bei geringer Hitze kurz farblos anschwitzen. Dann den Spinat zugeben und untermengen, bis er zusammenfällt. ❺ Den Spinat in ein Sieb geben, kurz abkühlen lassen und sehr gut ausdrücken. Die **Frühlingszwiebeln** putzen, waschen und in sehr dünne Ringe schneiden. Den **Spargel** waschen und die Enden großzügig abschneiden. Den Spargel längs in dünne Scheiben hobeln. Die **Crème fraîche** mit **Meersalz** und **Pfeffer** würzen und glatt rühren. ❻ Den Teig auf einer leicht **bemehlten** Arbeitsfläche durchkneten und in walnussgroße Stücke teilen. Jedes Stück dünn zu einem Kreis mit 8–9 cm Durchmesser ausrollen. Einen Teil der Teigstücke mit Abstand zueinander auf Backpapier legen und mit einem Teil der Crème-fraîche-Masse bestreichen. ❼ Einen Teil der **Erbsen** und der Zwiebeln darauf verteilen und die Minipizzen mit dem Backpapier auf das heiße Blech oder eventuell den heißen Pizzastein geben und 8 Minuten backen. Dann die **Eier** verquirlen und einen Teil davon gleichmäßig auf den Minipizzen verteilen. Die Pizzen weitere 6 Minuten backen, bis die Ränder gebräunt sind. ❽ Fertige Pizzen aus dem Ofen nehmen, mit einem Teil des Spargels belegen und mit etwas des restlichen Olivenöls beträufeln. Mit **Meersalz** und **Pfeffer** würzen und gleich servieren. ❾ Die übrigen Veggie-Pizzen wie beschrieben zubereiten und auch auf den Tisch stellen.

FÜR 5–6 PERSONEN

Für den Teig

2½ Becher Mehl (Type 550) plus
etwas für die Arbeitsfläche
¾ Becher Instant-Polenta
1½ TL Meersalz
1 Würfel Hefe
3 EL Olivenöl

Für den Belag

3 Knoblauchzehen
2–3 Handvoll junger Blattspinat
5 EL Olivenöl
5 Frühlingszwiebeln
1½ Handvoll grüner Spargel
5 EL Crème fraîche
etwas Meersalz
etwas Pfeffer
2½ Becher TK-Erbsen
5 Eier

LOVE FOOD

♥ = APHRODISIERENDE ZUTAT

GERICHTE ZUM VERFÜHREN

Kommen wir zu meinem Lieblingskapitel: Love Food. Wie der Name schon verrät, geht es hier um Essen für die ganz besonderen Momente. Ich versichere dir, mit diesen Gerichten wird das erste Treffen nicht zum Desaster, sondern zum Highlight. Danach wird dein Date dir sprichwörtlich aus der Hand fressen. Helfen werden dir dabei die aphrodisierenden Zutaten, die ich bei meinen Rezepten verwende.

ABSOLUT-GAZPACHO

⏱ 30 MINUTEN PLUS 3 STUNDEN ZIEHZEIT

VEGAN

❶ Die **Tomaten** waschen, halbieren und die Stielansätze entfernen. Im Standmixer oder mit dem Pürierstab zu einem feinen Püree verarbeiten. Das Püree durch ein Sieb streichen, um die Kerne zu entfernen, und wieder in das Mixgefäß bzw. den Mixer geben. **❷** Die **Zwiebel** und den **Knoblauch** schälen und sehr fein hacken. Die **Chilischote** und die **grüne Paprika** putzen, waschen, halbieren und Stiel, Samen und Scheidewände entfernen. Die Paprika grob hacken. Die **Gurke** schälen, der Länge nach halbieren und die Kerne entfernen, das geht mit einem Esslöffel besonders einfach. Zwei Drittel der Gurke grob hacken. **❸** Zwiebel, Knoblauch, Chili, Gurke und grüne Paprikaschote mit **Meersalz, Kreuzkümmel, Olivenöl, Essig** und **Wodka** in den Mixer geben und alles sehr fein pürieren. Die Suppe abgedeckt 2–3 Stunden im Kühlschrank ziehen lassen. **❹** Die **rote Paprikaschote** putzen, waschen, Stiel, Samen und Scheidewände entfernen und die Schote in Rauten schneiden. Die restliche Gurke in feine Scheiben schneiden. Die **Bratpaprika** putzen, waschen und in feine Ringe schneiden. **❺** Die **Avocado** der Länge nach halbieren. Am leichtesten geht das, wenn man direkt um den Kern herumschneidet. Die Avocadohälften mit einer einfachen Drehbewegung vom Kern lösen. Die Avocado schälen und in feine Würfel schneiden und mit etwas **Meersalz** würzen. Etwas **Zitronensaft** über die Avocado geben, das verhindert eine Verfärbung. **❻** Jetzt die Gazpacho aus dem Kühlschrank holen, erneut gut durchrühren und abschmecken. **❼** Die Gazpacho in tiefen Tellern oder Schüsseln anrichten und Bratpaprikaringe, Avocadowürfel, rote Paprikarauten und Gurkenscheiben mittig auf der Gazpacho garnieren.

FÜR 2 PERSONEN

5 Tomaten
1 kleine Zwiebel
1 Knoblauchzehe
½ rote Chilischote
1 kleine grüne Paprikaschote
½ Salatgurke
etwas Meersalz
etwas gemahlener Kreuzkümmel
2 EL Olivenöl
1 TL Weißweinessig
1 Schuss Wodka
1 kleine rote Paprikaschote
3 Bratpaprika (Pimientos)
1 Avocado
etwas frisch gepresster
Saft von 1 Zitrone

 ALKOHOL

LOVE FOOD

ORIENTALISCHE FALAFELN MIT FENCHELÖL

VEGGIE 🕐 35 MINUTEN PLUS 1 STUNDE RUHEZEIT

FÜR 2 PERSONEN

Für die Falafeln
½ Dose gegarte Kichererbsen
½ Knoblauchzehe
½ Zwiebel
3 glatte Petersilienstängel
3 EL Mehl
etwas Meersalz
je 1 Prise Zimt, gemahlener Kreuzkümmel und Koriander
½ TL Backpulver

Für das Hummus
2 kleine Möhren
etwas Meersalz
½ Becher gegarte Kichererbsen
1 EL Tahin (Sesampaste)
3 EL frisch gepresster Saft von 1 Zitrone
1 Prise gemahlener Kreuzkümmel
1 TL edelsüßes Paprikapulver

Für den Tahinjoghurt
3 gehäufte EL griechischer Joghurt
1 TL Tahin (Sesampaste)

Für das Fenchelöl
1 TL Fenchelsamen
2 EL Olivenöl

Zum Frittieren
1 l neutrales Pflanzenöl

Außerdem
2 dünne Fladenbrote

 PETERSILIE

1 Die **Kichererbsen** für die Falafeln auf ein Sieb geben und kurz abbrausen. **Knoblauch** und **Zwiebel** schälen und beides in feine Würfel schneiden. Die **Petersilie** abbrausen und mit Küchenpapier trocken tupfen. Die Blättchen von den Stielen zupfen und zusammen mit Knoblauch und Kichererbsen im elektrischen Blitzhacker oder mit dem Pürierstab sehr fein pürieren. **2** Die Zwiebelwürfel mit **Mehl, Meersalz** und **Gewürzen** unter die Kichererbsenmasse mengen. Das **Backpulver** mit 2 TL Wasser anrühren und zu der Masse geben. **3** Alles erneut gut durchmischen und die Falafelmasse abgedeckt 1 Stunde in den Kühlschrank stellen. **4** In der Zwischenzeit für das Hummus die **Möhren** schälen, die Enden dünn abschneiden und die Möhren in ca. 1 cm große Würfel schneiden. **5** Einen kleinen Topf mit Wasser zum Kochen bringen, 1 Prise **Meersalz** zugeben und die Möhrenwürfel darin zugedeckt etwa 20 Minuten weich dünsten. Das Wasser sollte leicht köcheln. Dann das Wasser abgießen und die Möhren kurz abkühlen lassen. **6** Die **Kichererbsen** in ein Sieb abgießen, abbrausen und abtropfen lassen. Mit Möhren, **Tahin, Zitronensaft** und **Kreuzkümmel** im Blitzhacker fein pürieren. Einen Schuss Wasser zufügen und das Hummus mit **Meersalz** und **Paprikapulver** würzen. Anschließend kalt stellen. **7** Für den Tahinjoghurt beide **Zutaten** miteinander verrühren. Für das Fenchelöl die **Fenchelsamen** in einer Pfanne ohne Zugabe von Fett rösten, bis sie zu duften beginnen. Dann das **Olivenöl** hinzugeben und die Pfanne vom Herd nehmen. Ziehen lassen, sodass ein aromatisches Öl entsteht. **8** Einen hohen Topf mit dem neutralen **Pflanzenöl** füllen und bei starker Hitze auf 180 °C erhitzen. Um zu überprüfen, ob das Öl heiß genug ist, ein Holzstäbchen zu einem Drittel in das Öl halten. Wenn sich daran Bläschen bilden, hat das Öl genau die richtige Temperatur zum Frittieren. **9** Aus der Falafelmasse sechs bis acht Bällchen formen und leicht flach drücken. Die Falafeln portionsweise in dem Öl 4–5 Minuten goldbraun frittieren. Mit einer Schaumkelle herausnehmen und auf einen mit Küchenpapier ausgelegten Teller geben, damit das überschüssige Fett aufgenommen wird. **10** Die **Fladenbrote** mit dem Tahinjoghurt bestreichen, die Falafeln darauflegen. Dann das Hummus darüber verteilen und das Fenchelöl darüberträufeln. Fladenbrote schließen.

GEBRATENE JAKOBS-MUSCHELN UND SALBEI-TAGLIATELLE

🕒 25 MINUTEN

FÜR 2 PERSONEN

2 Handvoll Tagliatelle
etwas Meersalz
1 Bund Salbei
2 EL Butter
etwas Cayennepfeffer
6 küchenfertige Jakobsmuscheln
etwas frisch gepresster Saft von 1 Zitrone
etwas Pfeffer
2 EL Olivenöl

 MUSCHELN

1 **Tagliatelle** in reichlich kochendem **Salzwasser** nach Packungsanweisung bissfest garen und anschließend unter fließendem kaltem Wasser abschrecken. **2** Den **Salbei** waschen, trocken tupfen, die Blätter von den Stielen zupfen und in sehr feine Streifen schneiden. **3** Die **Butter** in einer Pfanne zerlassen, den fein geschnittenen Salbei zugeben und die Tagliatelle darin mehrmals schwenken. Mit **Meersalz** und etwas **Cayennepfeffer** würzen. **4** Die **Jakobsmuscheln** mit etwas **Zitronensaft** marinieren und mit **Meersalz** und **Pfeffer** würzen. Das **Olivenöl** in einer Pfanne erhitzen und die Muscheln von beiden Seiten kross braun anbraten. **5** Die Tagliatelle mit je drei Jakobsmuscheln auf einem Teller anrichten und etwas Salbeibutter hinzugeben.

BAGUETTE FÜR FEINSCHMECKER MIT SCHINKEN

🕐 20 MINUTEN

① Die **Baguettes** aufschneiden und gleichmäßig mit **Butter** bestreichen. Die **Feigen** waschen, mit Küchenpapier trocken tupfen, die Stiele entfernen und die Früchte vierteln. **Getrocknete Tomaten** grob zerkleinern. ② Den **Rucola** putzen, waschen, trocken schleudern und in einer Schüssel mit **Olivenöl** und **Aceto balsamico** marinieren. Mit **Meersalz** und **Pfeffer** würzen und mit etwas **Zitronensaft** abschmecken. ③ Feigenviertel, getrocknete Tomaten, **Walnusskerne** und **Parmesanspäne** hinzugeben und alles gut miteinander vermischen. ④ Den **Parmaschinken** gleichmäßig auf den unteren Baguettehälften verteilen. Den Rucolasalat darübergeben, obere Baguettehälften auflegen und servieren.

FÜR 2 PERSONEN

2 kleine Baguettes
etwas Butter
2 Feigen
4 getrocknete Tomaten in Öl
1 Handvoll Rucola
3 EL Olivenöl
1 EL Aceto balsamico
etwas Meersalz
etwas Pfeffer
etwas frisch gepresster
Saft von 1 Zitrone
6 Walnusskerne
2 EL gehobelter Parmesan
6 Scheiben Parmaschinken

♥ FEIGEN

LAMMFLEISCH-LAHMACUN DE LUXE

🕒 35 MINUTEN PLUS 1 STUNDE GEHZEIT UND 10 MINUTEN BACKZEIT

FÜR 5 STÜCK

Für den Teig
1 Becher Mehl (Type 550) plus etwas für die Arbeitsfläche
¼ Würfel Hefe
1 Prise Zucker
1 EL Olivenöl
1 Prise Meersalz

Für den Belag
2 rote Zwiebeln
1 Knoblauchzehe
2 feste Tomaten
3 glatte Petersilienstängel
⅓ Becher Lammhackfleisch
1 EL Olivenöl
2 EL Tomatenmark
1 TL Harissa (Gewürzmischung)
1 Msp. gemahlener Kreuzkümmel
1 TL Sumak (arabisches Gewürz)
etwas Meersalz

Für den Salat
1 Römersalat
1 Dillstängel
2 EL Olivenöl
etwas Meersalz
etwas Pfeffer
etwas frisch gepresster Saft von 1 Zitrone

♥ PETERSILIE

❶ Das **Mehl** in eine Schüssel geben. Die **Hefe** in einen halben Becher lauwarmes Wasser bröseln und darin auflösen. Mit **Zucker, Olivenöl** und **Meersalz** zum Mehl geben. Das Ganze zu einem geschmeidigen Teig verkneten. Zugedeckt an einem warmen Ort etwa 1 Stunde gehen lassen. ❷ Gut 30 Minuten vor dem Backen den Backofen auf 200 °C Umluft (220 °C Ober-/Unterhitze) vorheizen, dabei das Backblech oder einen Pizzastein in die unterste Schiene des Ofens schieben. ❸ Für den Belag die **Zwiebeln** schälen und eine Zwiebel in hauchdünne Ringe hobeln. Die andere Zwiebel sehr fein würfeln. Den **Knoblauch** schälen und ebenfalls sehr fein würfeln. ❹ Die **Tomaten** waschen, trocken tupfen, halbieren und die Stielansätze entfernen. Eine Tomate grob reiben. Die andere Tomate entkernen und in feine Würfel schneiden. Die **Petersilie** abbrausen, trocken tupfen, die Blättchen von den Stielen zupfen und fein hacken. ❺ **Lammhackfleisch** mit Zwiebel- und Knoblauchwürfeln, geriebener Tomate, der Hälfte der Petersilie, **Olivenöl, Tomatenmark, Harissa, Kreuzkümmel, ½ TL Sumak** und etwas **Meersalz** vermengen. ❻ Für den Salat die **Salatblätter** abtrennen, waschen, trocken schleudern und quer in dünne Streifen schneiden. Den **Dill** abbrausen, trocken tupfen, die Dillspitzen vom Stängel zupfen und zum Salat geben. ❼ Den Salat mit **Olivenöl** marinieren. Mit **Meersalz** und **Pfeffer** würzen und mit etwas **Zitronensaft** abschmecken. ❽ Jetzt den Teig auf einer leicht **bemehlten** Arbeitsfläche nochmals durchkneten und in fünf gleich große Stücke teilen. Jedes Stück zu einem Kreis mit ca. 25 cm Durchmesser ausrollen und jeweils auf ein Stück Backpapier geben. ❾ Die Hackmasse gleichmäßig auf den fünf Teigstücken verteilen, dabei rundherum einen kleinen Rand frei lassen. Direkt auf das heiße Blech oder den heißen Pizzastein ziehen und im vorgeheizten Backofen nacheinander etwa 10 Minuten backen. ❿ Die fertigen Lahmacun aus dem Ofen ziehen, mit etwas Salat, Zwiebelringen und Tomatenwürfeln belegen, mit der restlichen **Petersilie** und dem restlichen **Sumak** bestreuen. Sofort servieren.

Alternativ zum Lammhackfleisch eignet sich auch die Füllung von Lammwürstchen.

KÜRBIS-KOKOS-SUPPE MIT INGWER

🕒 30 MINUTEN

VEGAN

① Den halben **Hokkaidokürbis** waschen, trocken tupfen und die Kerne mit einem Esslöffel entfernen. Anschließend den Kürbis in walnussgroße Würfel schneiden. ② Den **Ingwer** schälen und fein reiben. Die **Chilischote** putzen, Samen und Scheidewände entfernen und die Schote in sehr feine Streifen schneiden. Die **Schalotte** schälen und in grobe Würfel schneiden. ③ Einen mittelgroßen Topf mit dem **Kokosöl** erhitzen und die Schalottenwürfel darin bei schwacher Hitze wenige Minuten farblos anschwitzen. Den Kürbis hinzugeben und bei mittlerer Hitze weitere 3 Minuten mit anschwitzen. ④ Das **Zitronengras** am Stielende andrücken und dazugeben. Den Kürbis mit Ingwer, Chili, **Curry** und **Meersalz** würzen, anschließend mit **Kokosmilch** und **Gemüsefond** aufgießen. ⑤ Den Suppenansatz bei schwacher Hitze 20–25 Minuten köcheln lassen, bis der Kürbis weich ist und mit einer Gabel zerdrückt werden kann. Anschließend das Zitronengras herausnehmen und die Suppe mit einem Pürierstab oder der Küchenmaschine fein pürieren. Zum Schluss erneut mit **Meersalz** abschmecken. ⑥ **Kürbiskerne** in einer Pfanne ohne Fett rösten und grob hacken. Kokos-Kürbis-Suppe in tiefen Tellern anrichten, einige geröstete Kürbiskerne und **Chilifäden** in die Mitte geben.

FÜR 2 PERSONEN

½ Hokkaidokürbis
1 kleines Stück Ingwer
½ Chilischote
1 Schalotte
2 EL Kokosöl
1 Zitronengrasstange
1 Msp. Currypulver
etwas Meersalz
½ Dose Kokosmilch
1 Becher Gemüsefond
1 EL Kürbiskerne
Chilifäden zum Dekorieren

 INGWER

Etwas Kürbiskernöl rundet diese Suppe ab und erzeugt ein ganz einzigartiges Geschmackserlebnis. Kürbiskernöl ist aufgrund des sehr aufwendigen Herstellungsprozesses zwar nicht gerade günstig, jedoch im Geschmack sehr intensiv. Deshalb benötigst du auch nur wenige Tropfen davon und kannst es auch wunderbar anderweitig einsetzen, zum Beispiel zum Verfeinern von Salaten oder Dressings oder beim Backen. Die Einsatzmöglichkeiten von Kürbiskernöl sind unbegrenzt, daher lohnt sich die Anschaffung definitiv.

ASIATISCHE WEISSKOHL-MÖHREN-PFANNE MIT KOKOSMILCH

VEGAN 🕐 30 MINUTEN

FÜR 2 PERSONEN

½ Weißkohl
1 rote Zwiebel
1 Knoblauchzehe
1 kleines Stück Ingwer
3–4 Möhren
1 kleine Chilischote
2 EL Kokosöl
½ Becher Kokosmilch
etwas Meersalz
1 TL Sesamöl
wenige geröstete gesalzene Erdnüsse

♥ INGWER

❶ Den **Weißkohl** putzen und die Blätter vorsichtig vom Strunk zupfen. In mundgerechte Streifen schneiden. ❷ **Zwiebel** und **Knoblauch** schälen und beides fein würfeln. Den **Ingwer** schälen und fein reiben. Die **Möhren** schälen, die Enden dünn abschneiden und die Möhren schräg in mundgerechte Streifen schneiden. Die **Chilischote** waschen, halbieren und Samen und Scheidewände entfernen. Die Schote sehr fein hacken. ❸ Eine große, tiefe Pfanne mit dem **Kokosöl** erhitzen. Zwiebel, Knoblauch, Chili und Ingwer darin wenige Minuten farblos anschwitzen. Weißkohl und Möhren hinzufügen und ca. 10 Minuten unter Rühren anbraten. ❹ **Kokosmilch** aufgießen und 5–10 Minuten bei schwacher Hitze köcheln lassen. Mit **Meersalz** und **Sesamöl** abschmecken. Die **Erdnüsse** grob hacken. ❺ Die Weißkohl-Möhren-Pfanne in tiefen Tellern anrichten, mit Erdnüssen bestreuen und servieren.

Sowohl geschmacklich als auch dekorativ kannst du dieses Gericht mit ein paar Korianderblättchen elementar pimpen.

ENTRECÔTE AUF SCHWARZWURZEL-FRAVOLINA

🕐 35 MINUTEN

❶ Den Backofen auf 100 °C Umluft (120 °C Ober-/Unterhitze) vorheizen. **Entrecôtes** von überschüssigem Fett und Sehnen befreien und mit **Meersalz** und **Pfeffer** würzen. **❷** Das **Olivenöl** in einer Pfanne erhitzen und die Entrecôtes darin von beiden Seiten bei starker Hitze scharf anbraten, zuletzt die angedrückte ungeschälte **Knoblauchzehe, Thymian-** und **Rosmarinzweig** sowie die **Butter** zugeben und die Entrecôtes immer wieder mit dem Sud begießen. Anschließend im Backofen 8–10 Minuten medium garen. **❸** In der Zwischenzeit die **Schwarzwurzeln** schälen und kurz mit der **Milch** in eine Schüssel geben. Dann die Schwarzwurzeln mit einer Mandoline oder dem Sparschäler in hauchdünne Scheiben schneiden und auf Küchenpapier abtropfen lassen. **❹** Die Schwarzwurzelscheiben in **Kokosfett** in einer Fritteuse bei 180 °C wenige Minuten goldbraun frittieren und wieder auf Küchenpapier legen. Mit **Meersalz** und etwas **Cayennepfeffer** würzen. **❺** Entrecôtes in Scheiben schneiden, auf Tellern anrichten und die Schwarzwurzelfravolina darauf platzieren. Eventuell mit **Salzflakes** verfeinern.

FÜR 2 PERSONEN

Für die Entrecôtes
2 Entrecôtes
etwas Meersalz
etwas Pfeffer
4 EL Olivenöl
1 Knoblauchzehe
je 1 Thymian- und Rosmarinzweig
2 EL Butter

Für die Schwarzwurzelfravolina
5–6 Schwarzwurzeln
2 Becher Milch
4 Becher Kokosfett
etwas Meersalz
Cayennepfeffer

Außerdem
evtl. Salzflakes

♥ CAYENNEPFEFFER

LOVE FOOD 157

STREMELLACHS MIT ORANGEN-FENCHEL-SALAT

⏱ 20 MINUTEN

FÜR 2 PERSONEN

Für den Orangen-Fenchel-Salat

2 Orangen
1 kleine Fenchelknolle
2 EL Olivenöl
etwas Meersalz
etwas Pfeffer

Für den Stremellachs

2 frische Lachsfilets
etwas Meersalz
etwas Pfeffer
1 EL neutrales Pflanzenöl
je 1 Thymian- und Rosmarinzweig
2 EL Butter
1 Knoblauchzehe

♥  FENCHEL

❶ Für den Orangen-Fenchel-Salat zunächst die Schale der **Orangen** oben und unten flach abschneiden. Dann die Orangen schälen, sodass auch die weißen Häutchen vollständig entfernt werden. ❷ Die Orangen über einer Schüssel filetieren, dazu entlang der Trennwände schneiden und die Filets auslösen. Den überschüssigen Saft in einer Schüssel auffangen. Die Häutchen ohne Filets über der Schüssel auspressen. Die Orangenfilets in eine weitere Schüssel geben und abgedeckt beiseitestellen. ❸ Den **Fenchel** putzen, waschen und trocken tupfen. Anschließend halbieren, den Strunk entfernen und den Fenchel in mundgerechte Streifen schneiden. Zu den Orangenfilets geben. ❹ Aufgefangenen Orangensaft und das **Olivenöl** in einen Mixbecher geben und kräftig schaumig zu einem Dressing mixen. Mit **Meersalz** und **Pfeffer** würzen. Das Dressing über die Orangenfilets und den Fenchel geben und marinieren. ❺ In der Zwischenzeit die **Lachsfilets** unter fließendem kaltem Wasser kurz abwaschen, trocken tupfen und auf einen Teller legen. Von beiden Seiten mit **Meersalz** und **Pfeffer** würzen. ❻ Eine mittelgroße Pfanne mit **Öl** erhitzen und die Lachfilets zuerst auf der Hautseite bei mittlerer bis starker Hitze 2–3 Minuten kross braun braten. **Thymian** und **Rosmarin** waschen, trocken tupfen und im Ganzen mit der **Butter** und der ungeschälten angedrückten **Knoblauchzehe** zum Lachs geben. ❼ Die Filets wenden und auf der anderen Seite ebenso braten. Immer wieder mit dem Butterfond übergießen. ❽ Den durchgezogenen Orangen-Fenchel-Salat erneut durchmischen und nochmals mit **Meersalz** und **Pfeffer** abschmecken. Auf mittelgroßen Tellern anrichten und je einen Stremellachs darauf platzieren.

KARAMELLISIERTE FEIGEN IN MARSALA

🕐 10-MINUTEN-KITCHEN-QUICKIE

VEGGIE

❶ Als Erstes die Stiele von den **Feigen** trennen und die Früchte halbieren. Eine große Pfanne mit der **Butter** erhitzen, dann bei mittlerer Hitze den **Zucker** gleichmäßig auf dem Pfannenboden verteilen und warten, bis dieser einen leicht braunen Karamellton annimmt. ❷ Dann die Feigen mit der Schnittseite nach unten auf dem Karamell verteilen und bei mittlerer Hitze wenige Minuten karamellisieren lassen. Anschließend die Pfanne einmal schwenken und die Feigen auf der anderen Seite ebenfalls karamellisieren. Mit **Marsala** ablöschen. ❸ Wenn dieser fast verdampft ist, den **Portwein** hinzugeben und die Feigen darin bei geringer Hitze wenige Minuten ziehen lassen, bis sich eine Sauce bildet. ❹ In der Zwischenzeit die **Sahne** steif schlagen und nach Geschmack mit **Ahornsirup** süßen. ❺ Die Feigen dekorativ auf einem mittelgroßen Teller oder in einer Schale anrichten, die Sauce darüber verteilen und die gesüßte Sahne über die Feigen geben.

FÜR 2 PERSONEN

3 Feigen
1 EL Butter
1 EL Zucker
1 Schuss Marsala
2 Schuss Portwein
½ Becher Sahne
1 Schuss Ahornsirup

♥ FEIGEN

LOVE FOOD **161**

BUNTER SALAT MIT THUNFISCH UND BROTCHIPS

🕐 20 MINUTEN PLUS 25 MINUTEN BACKZEIT

FÜR 2 PERSONEN

Für die Brotchips

1 Minibaguette

3 EL Olivenöl

1 TL grobes Meersalz

1 TL getrockneter Oregano

Für das Dressing

3 EL Olivenöl

3 EL Kräuteressig

1 EL Crema di Balsamico

1 TL Senf

etwas Meersalz

etwas Pfeffer

Für den Salat

1 Kopfsalat nach Wahl

1 Bund Rucola

3 Tomaten

5 Radieschen

1 Minigurke

2 hart gekochte Eier

8 entsteinte schwarze Oliven

1 Dose Thunfisch

 OLIVEN

Die Brotscheiben halten sich abgekühlt circa zwei Wochen in einer luftdicht geschlossenen Dose. Sie eignen sich auch hervorragend als Snack. Ich finde sie viel besser als die Klassiker Chips und Co.

1 Für die Brotchips zunächst den Backofen auf 180 °C Ober-/Unterhitze vorheizen (Umluft nicht empfehlenswert). Das **Minibaguette** mit einem scharfen Messer in 2–3 mm dünne Scheiben schneiden. Die Brotscheiben auf ein mit Backpapier belegtes Blech legen und jede Brotscheibe dünn mit dem **Olivenöl** bepinseln. Im heißen Ofen auf der mittleren Schiene 20–25 Minuten rösten. **2** Das grobe **Meersalz** mit dem **Oregano** mischen und über die heißen Brotscheiben streuen, die Scheiben noch kurz im Ofen lassen. Die gebackenen Brotscheiben aus dem Backofen holen und zum Auskühlen beiseitestellen. **3** Für das Dressing alle **Zutaten** in einem Mixbecher mit einem Pürierstab kräftig aufschäumen und abgedeckt in den Kühlschrank stellen. **4** Die **Salate** in reichlich Wasser waschen, trocken schleudern und in mundgerechte Stücke zupfen. In eine Schüssel geben und mit einem feuchten Tuch abgedeckt in den Kühlschrank stellen. **5** **Tomaten, Radieschen** und **Minigurke** waschen und trocken tupfen. Die Tomaten halbieren, vom Stielansatz befreien und in Scheiben schneiden. Die Enden der Radieschen dünn abschneiden und die Radieschen dünn hobeln bzw. in hauchdünne Scheiben schneiden. Die Enden der Minigurke ebenfalls dünn abschneiden und die Gurke in Scheiben schneiden. **6** Die hart gekochten **Eier** pellen und vierteln. Die **Oliven** und den **Thunfisch** abtropfen lassen und den Thunfisch in mundgerechte Stücke zupfen. **7** In einer Schüssel alle Salatzutaten miteinander vermischen. Das Dressing hinzugeben und den Salat erneut vermischen. Die Brotscheiben dekorativ darauf anrichten.

SWEETS 'N' DRINKS

SÜSSE SÜNDEN UND KÜHLE VERSUCHUNGEN

Ob als Nervennahrung oder als Abschluss eines richtig guten Essens: Die süßen Speisen dürfen natürlich nicht fehlen. Genauso wie erfrischende Drinks und vitaminreiche Smoothies. Hier kannst du zwischen Kokos-Himbeer-Smoothie, Fruit Dream und Himbeertörtchen wählen. Fruchtig oder süß – beides geht immer.

QUARKNOCKERLN MIT BUTTERBRÖSELN UND FRUCHTMUS

🕐 15 MINUTEN PLUS 20 MINUTEN ZIEHZEIT

VEGGIE

① Quark mit **Grieß,** ca. ½ EL **Paniermehl** und dem **Ei** vermengen. Die Masse im Kühlschrank etwa 15 Minuten durchziehen lassen. Dann mit zwei Esslöffeln Nockerln ausstechen. Sollte der Teig noch zu klebrig sein, etwas mehr **Grieß** untermengen. **② Salzwasser** in einem größeren Topf aufkochen lassen, die Nockerln vorsichtig hineingleiten lassen, die Hitze reduzieren und die Nockerln ca. 20 Minuten ziehen lassen. **③** Für die Butterbrösel die **Butter** in einer Pfanne zerlassen, 3 EL **Zucker** zugeben und gut verrühren. Das restliche **Paniermehl** einrühren und unter Rühren anrösten. **④** Für das Erdbeer-Pfirsich-Mus die **Erdbeeren** und die **Pfirsiche** waschen. Die Stiele von den Erdbeeren zupfen, Pfirsiche schälen und entsteinen. **⑤** Den Boden eines kleinen Topfes mit Wasser bedecken, die Früchte und den restlichen **Zucker** zugeben und etwa 10 Minuten bei kleiner Flamme dünsten. Mit einem Pürierstab fein pürieren. **⑥** Auf Desserttellern einen Fruchtspiegel aufstreichen, die Nockerln darauflegen, mit den Butterbröseln bestreuen und mit **Minze** garnieren.

FÜR 2 PERSONEN

1 Packung Quark
3 EL Weizengrieß
5 EL Paniermehl
1 Ei
etwas Meersalz
2 EL Butter
4 EL Zucker
1 Schälchen Erdbeeren
3 Pfirsiche
einige Minzeblättchen

GRIESSSCHMARREN MIT APFELMUS

VEGGIE 45 MINUTEN

FÜR 2 PERSONEN

Für den Grießschmarren
2 große Becher Milch
2 EL Butter
etwas Meersalz
13 EL Weizengrieß
1 ½ EL Zucker
1 EL abgeriebene Schale
von 1 Biozitrone

Für das Apfelmus
3 große säuerliche Äpfel
1 EL Zucker
½ Päckchen Vanillezucker
evtl. etwas Zimt

1 Die **Milch** mit 1 EL **Butter** und **Meersalz** zum Kochen bringen, den **Grieß** zügig mit einem Kochlöffel einrühren und zu einem dicken Brei einkochen. **2** Abkühlen lassen und in einer beschichteten ofenfesten Pfanne im Ofen bei 120 °C Umluft (140 °C Ober-/Unterhitze) in dem Rest der **Butter** dünsten lassen. Hin und wieder die Pfanne etwas aus dem Ofen ziehen, um den Schmarren mit einer Gabel zu zerreißen. **3** Nach 15 Minuten den **Zucker** und die abgeriebene **Zitronenschale** untermengen. Den Schmarren noch 15–20 Minuten weiterrösten. **4** In der Zwischenzeit für das Apfelmus die **Äpfel** waschen, schälen und die Kerngehäuse entfernen. Die Äpfel grob zerkleinern. **5** Den Boden eines kleinen Topfes mit Wasser bedecken, Äpfel, **Zucker** und **Vanillezucker** zugeben und etwa 15 Minuten bei schwacher Hitze dünsten. **6** Die weichen Äpfel mit einem Pürierstab fein pürieren. In kleine Schüsseln füllen und mit dem heißen Schmarren anrichten. Nach Belieben mit **Zimt** bestreuen.

HANDMADE-EISTEE – NATÜRLICH ERFRISCHT!

⏱ 10 MINUTEN PLUS 40 MINUTEN ABKÜHLZEIT

VEGAN

❶ 1 ½ Becher Wasser in einem kleinen Topf zum Kochen bringen. **❷** Die **Minze** waschen, trocken tupfen und drei Stängel mit dem heißen Wasser übergießen. **❸** Die restliche Minze beiseitelegen. **❹** Den **Ingwer** schälen, in Scheiben schneiden und zu dem Minzewasser geben. Das **Zitronengras** waschen, trocken tupfen, am dickeren Stielende andrücken und ebenfalls zugeben. **❺** Nach 3 Minuten Ziehzeit auch die **Teeblätter** hinzugeben und 3 weitere Minuten ziehen lassen. Anschließend den Tee durch ein Sieb abgießen und den **Zitronensaft** dazugeben. **❻** Den Tee 30–45 Minuten abkühlen lassen. Die **Eiswürfel** auf zwei Gläser verteilen und in jedes Glas einen Minzestängel geben. Den Tee aufgießen und genießen.

FÜR 2 GLÄSER

5 Pfefferminzstängel
1 kleines Stück Ingwer
1 Zitronengrasstängel
1 EL schwarze Teeblätter
frisch gepresster
Saft von ½ Zitrone
10 Eiswürfel

Tipp

Für die Eisteeherstellung eignet sich aufgrund des intensiven Geschmacks schwarzer Tee am besten. Alternativ kannst du auch grünen Tee verwenden.

SWEETS 'N' DRINKS

FRUIT DREAM

VEGGIE

🕒 5-MINUTEN-KITCHEN-QUICKIE

FÜR 2 GLÄSER
1 Becher Milch
¼ Becher Kokosmilch
1 Handvoll frische Beeren
1 EL Kokosraspeln

1 Alle **Zutaten** bis auf die Kokosraspeln in einen Mixbecher geben und mit einem Pürierstab fein pürieren. **2** Den Fruit Dream in zwei Gläser füllen und mit **Kokosraspeln** garnieren.

Tipp
Nach Belieben zwei Johannisbeerrispen mit Wasser oder Eiweiß anfeuchten und danach in Zucker wälzen. Zur Dekoration an den Glasrand hängen.

HEALTHY SMOOTHIE

🕐 10-MINUTEN-KITCHEN-QUICKIE

VEGAN

1 **Blattspinat** oder **Feldsalat** sehr gründlich waschen und trocken schleudern. **Petersilie** abbrausen, trocken tupfen und die Blättchen von den Stielen zupfen. Beides grob zerkleinern und in einen Mixbecher geben. **2** Die **Banane** schälen und grob zerkleinern. Den Kern der halben **Avocado** entfernen, die Avocado schälen und grob zerkleinern. **3** Alle Zutaten mit dem **Kokoswasser** in den Mixbecher geben, mit **Zitronensaft** beträufeln und mit den **Chiasamen** und dem **Mandelmus** mit dem Pürierstab fein pürieren. **4** Nach und nach das **Mineralwasser** angießen, bis der Smoothie die gewünschte Konsistenz erreicht hat. Anschließend den Healthy Smoothie in Gläser füllen und frisch genießen.

FÜR 2 GLÄSER

1 Handvoll Babyspinat oder Feldsalat
5 glatte Petersilienstängel
1 reife Banane
½ reife Avocado
1 Becher Kokoswasser
frisch gepresster Saft von ½ Zitrone
1 EL Chiasamen
1 EL Mandelmus
kohlensäurehaltiges
Mineralwasser nach Belieben

KOKOS-HIMBEER-SMOOTHIE

🕐 10-MINUTEN-KITCHEN-QUICKIE

VEGAN

1 Die **Himbeeren** vorsichtig waschen und mit Küchenpapier trocken tupfen. Die **Banane** schälen und grob zerkleinern. Beides in einen Mixbecher geben. **2** **Kokosblütensirup** und **Zitronensaft** hinzugeben und das Ganze kräftig pürieren, bis eine homogene Masse entstanden ist. Dabei nach und nach **Mineralwasser** hinzugeben und weiterpürieren, bis eine glatte Masse entsteht. **3** Den Smoothie in Gläser füllen und mit **Kokosraspeln** bestreuen.

FÜR 2 GLÄSER

2 Handvoll Himbeeren
(frisch oder TK)
½ Banane
5 EL Kokosblütensirup
2 EL frisch gepresster
Saft von 1 Zitrone
kohlensäurehaltiges
Mineralwasser nach Belieben
2 EL Kokosraspeln

Zum Dekorieren eignen sich auch einige gewaschene und abgezupfte Blätter Zitronenmelisse sowie ein paar ganze Himbeeren ganz hervorragend.

TROPICAL SMOOTHIE MIT PETERSILIE

VEGAN 🕒 10-MINUTEN-KITCHEN-QUICKIE

FÜR 2 GLÄSER

¼ Papaya
1 glatter Petersilienstängel
3 Passionsfrüchte
1 Baby-Ananas

1 Die Kerne der **Papaya** mit einem Esslöffel entfernen. Dann die Papaya mit einem Sparschäler schälen, grob würfeln und in einen Mixbecher geben. **2** Die **Petersilie** waschen, mit Küchenpapier trocken tupfen, grob hacken und ebenfalls in den Mixbecher geben. Die **Passionsfrüchte** halbieren und den Saft durch ein Sieb in eine Schüssel pressen. Den Saft ebenfalls in den Mixbecher geben. **3** Die **Ananas** von Stielende und Strunk befreien, dann auf die Schnittfläche stellen und die Schale von oben nach unten abschneiden. Falls notwendig, die braunen Augen mit einem kleinen Messer rausschneiden. **4** Nun die Ananas vierteln und den harten Strunk aus der Mitte herausschneiden. Ananas grob hacken und in den Mixbecher geben. Alles fein pürieren und je nach Konsistenz noch etwas kaltes Wasser aufgießen. **5** Den Smoothie auf zwei Gläser verteilen und frisch genießen.

KANDIERTE FRÜCHTE MIT OLIVENÖL

🕒 25 MINUTEN

VEGAN

❶ Beeren putzen, waschen und auf ein mit Küchenpapier belegtes Backblech legen. Die **Mango** schälen und zwei Fruchtfilets seitlich des Kerns abschneiden. Das restliche Fruchtfleisch vom Kern schneiden und in einen Mixbecher geben. **❷** Die beiden Fruchtfilets der Länge nach in hauchdünne Scheiben schneiden und auf einem Teller beiseitestellen. Den **Granatapfel** aufbrechen und die Kerne vorsichtig auslösen, in einer Schüssel beiseitestellen. Die **Minze** waschen, trocken tupfen, die Blättchen von den Stielen zupfen und in sehr feine Streifen schneiden. **❸ Olivenöl** und Mangofruchtfleisch zusammen pürieren, die Minze zugeben und mit etwas **Zitronensaft** abschmecken, eventuell mit **Kokosblütensirup** süßen. **❹** Die **rosa Beeren** in einem Mörser grob zerstoßen. Das Obst gleichmäßig auf zwei Tellern dekorativ anrichten. Mit dem Dressing beträufeln, rosa Beeren und **Minzeblättchen** darüberstreuen.

FÜR 2 PERSONEN

1 Handvoll Beeren
(Himbeeren, Brombeeren,
Johannisbeeren, Erdbeeren)
1 kleine Mango
1 Granatapfel
2 frische Minzestängel
5 EL Olivenöl
etwas frisch gepresster
Saft von 1 Zitrone
evtl. 1 TL Kokosblütensirup
1 EL rosa Beeren
einige Minzeblättchen

SWEETS 'N' DRINKS

CRÈME BRÛLÉE

VEGGIE

🕒 15 MINUTEN PLUS 40 MINUTEN BACKZEIT UND 3 STUNDEN ABKÜHLZEIT

FÜR 2 PERSONEN

½ Tahiti-Vanilleschote
2 Becher Sahne
4 Eigelb
⅓ Becher Zucker
4 EL Rohrzucker
zum Karamellisieren

❶ Den Backofen auf 160 °C Umluft (180 °C Ober-/Unterhitze) vorheizen. **Vanilleschote** längs halbieren und mit dem Messerrücken entlang der Schnittseite der Schote fahren, um das Mark auszukratzen. ❷ Mark und Schote in einen kleinen Topf geben. Die **Sahne** hinzugeben und bei schwacher Hitze aufkochen. ❸ In einem Schlagkessel **Eigelbe** und **Zucker** mit einem Schneebesen gründlich vermengen. ❹ Eigelb-Zucker-Masse über ein heißes Wasserbad setzen und die heiße Vanillesahne unter ständigem Rühren zugeben. So lange über dem heißen Wasserbad schlagen, bis die Masse zu binden beginnt und eine saucenartige Konsistenz angenommen hat. ❺ Anschließend die Masse durch ein feines Sieb in einen Mixbecher gießen, um Schote und grobe Stücke zu entfernen. ❻ Die Masse fast bis zum Rand gleichmäßig in ofenfeste Auflaufförmchen füllen und die Förmchen auf ein tiefes Backblech setzen. Bevor das letzte Auflaufförmchen auf das Backblech kommt, so viel heißes Wasser in das Backblech geben, dass die Förmchen zur Hälfte im Wasser stehen. ❼ Das letzte Förmchen draufsetzen und die Crème brûlée im Backofen etwa 40 Minuten backen. Anschließend kurz bei Zimmertemperatur auskühlen lassen, dann 2–3 Stunden kühl stellen. ❽ Erst dann die Auflaufförmchen großzügig mit **Rohrzucker** bestreuen. Den überschüssigen Zucker vorsichtig abschütten und den Rand der Auflaufförmchen von überschüssigem Zucker befreien. ❾ Zum Schluss mithilfe eines Bunsenbrenners den Zucker aus einer Entfernung von einigen Zentimetern gleichmäßig karamellisieren, bis sich eine goldbraune Oberfläche bildet.

You'll love it!

LIQUID CHOCOLATE CAKE

⏱ 20 MINUTEN

VEGGIE

① Den Backofen auf 180 °C Umluft (200 °C Ober-/Unterhitze) vorheizen. Die **Eier** mit dem **Zucker** schaumig schlagen. ② **Butter** und **Schokolade** über dem heißen Wasserbad schmelzen. Diese Masse zu dem Ei-Zucker-Gemisch geben, verrühren, das **Mehl** dazusieben und unterrühren. ③ Edelstahlringe mit Backpapier auskleiden, auf ein mit Backpapier belegtes Blech setzen und die Masse hineinfüllen. ④ Etwa 7 Minuten backen. Aus dem Ofen nehmen, abkühlen lassen, vorsichtig aus den Ringformen lösen, auf Tellern anrichten und mit **Puderzucker** bestäuben.

FÜR 4–6 KÜCHLEIN

8 Eier
1 ½ Becher Zucker
1 Päckchen Butter
1 Becher dunkle Schokolade
(70 % Kakaoanteil)
½ Becher Mehl
etwas Puderzucker

SWEETS 'N' DRINKS

HIMBEERTÖRTCHEN MIT VANILLE UND MINZE

🕒 10-MINUTEN-KITCHEN-QUICKIE

FÜR 2 PERSONEN
1 Blatt Gelatine
1 Vanilleschote
½ Becher Sahne
3 EL Zucker
2 EL Mascarpone
1 Handvoll Himbeeren
½ Bund Minze
2 Mürbeteig-Tartelettes
1 TL Puderzucker

1 Die **Gelatine** 10 Minuten in kaltem Wasser einweichen. **2** In der Zwischenzeit die **Vanilleschote** längs aufschlitzen und das Mark auskratzen. Mark und Schote mit der **Sahne** aufkochen, den **Zucker** zugeben und kurz abkühlen lassen. **3** Die Sahne durch ein feines Sieb in eine Schüssel gießen und die ausgedrückte Gelatine zugeben. Dann auch den **Mascarpone** unterheben, die Masse in einen Spritzbeutel füllen und 1–2 Stunden in den Kühlschrank stellen. **4** Inzwischen die **Himbeeren** putzen, vorsichtig waschen und auf ein mit Küchenpapier belegtes Backblech legen. Die **Minze** ebenfalls waschen, trocken tupfen, die Blättchen von den Stielen zupfen und in sehr feine Streifen schneiden. **5** **Tartelettes** mit der gekühlten Vanillecreme ausspritzen und mit den Himbeeren belegen. Mit Minze garnieren und mit **Puderzucker** bestäuben.

ANHANG

INDEX

A

Absolut-Gazpacho 141
Antipasti mit Extradip 122
Apfelmus 170
Asiatische Weißkohl-
 Möhren-Pfanne mit
 Kokosmilch 154
Avocado, gefüllte überbackene 126
Avocado-Grapefruit-Salat mit
 Basilikum 21

B

Baguette für Feinschmecker
 mit Schinken 149
Beefburger 42
Beefsteak mit Kartoffelexplosé 69
Brotchips 162 163
Bunter Salat mit Thunfisch und
 Brotchips 162
Buntes Fladenbrot griechische Art 54
Burgerbrötchen 41 42 46 49 53 118
Burger 'n' Co.
 Buntes Fladenbrot griechische
 Art 54
 Chickenburger mit Mangotatar 46
 Classic Beefburger 42
 Classic Currywurst 61
 Handmade-Burgerbrötchen 41
 Handmade-Ketchup 41 58
 Lachsburger mit Rohkost 53
 Lammburger mit Petersilie-
 Fetacreme 50
 Potato Wedges mit Handmade-
 Ketchup 58
 Saftiger Cheeseburger 49
 Thunfisch-Wrap mit Rohkost 57
 Veggieburger mit Grillgemüse 45
Butterbrösel 169

C

Ceviche mit Paprika und Senföl 90

Cheeseburger 49
Chickenburger mit Mangotatar 46
Chili con carne 134
Chocolate Cake, Liquid 185
Classic Beefburger 42
Classic Currywurst 61
Crème brûlée 182
Currylinsen mit gebratenen
 Garnelen 18
Currys
 Fischcurry mit Champignons 93
 Rotes Thai-Curry mit
 Jasminreis 97
Currysauce 61
Currywurst, Classic 61

D

Dinkelbrot mit Schnittlauch-
 Krabben-Rührei 110
Dinkelvollkornpasta
 all'arrabbiata 102

E

Eistee 173
Entenbrust mit
 Rotkohl-Sesam-Salat 73
Entrecôte auf
 Schwarzwurzelfravolina 157
Erbsen-Minz-Püree 94

F

Falafeln, orientalische, mit
 Fenchelöl 142
Feigen, karamellisierte, in
 Marsala 161
Fenchelöl 142 143
Fischcurry mit Champignons 93
Fischfilet in Pergamentpapier 106
Fitness-Dinkelvollkornpasta
 all'arrabbiata 102

Fladenbrot, buntes, griechische Art 54
Flammkuchen, Kürbis-, mit Rucola
 und Parmaschinken 133
Frikassee, Hühnchen- 83
Früchte, kandierte, mit Olivenöl 181
Fruchtmus 169
Frühlingsrollen 29
Fruit Dream 174

G

Gänsebraten mit Waldpilzen und
 Cranberrys 76
Garnelen, gebratene 18
Gazpacho, Absolut- 141
Gebratene Jakobsmuscheln und
 Salbei-Tagliatelle 146
Gefüllte überbackene Avocado 126
Gemüseeintopf 118
Grandma's Classics
 100 % Beefsteak mit
 Kartoffelexplosé 69
 Entenbrust mit
 Rotkohl-Sesam-Salat 73
 Gänsebraten mit Waldpilzen und
 Cranberrys 76
 Grandma's Hackbraten mit Bacon
 87
 Hühnchenfrikassee 83
 Kartoffelgulasch mit Wurst 64
 Linseneintopf wie bei Muttern 74
 Pasta meets Egg 80
 Pikantes Kräuterhähnchen 70
 Schweinebraten à la Grandma 84
 Überbackene Schinkenfleckerln 67
Grandma's Hackbraten mit Bacon 87
Grießschmarren mit Apfelmus 170
Grillgemüse 45

H

Hackbraten mit Bacon 87
Hähnchenschenkel, mediterrane 129
Handmade-Burgerbrötchen 41
Handmade-Eistee 173

Handmade-Frühlingsrollen 29
Handmade-Ketchup 41 58
Handmade-Kürbis-Tortilla 26
Healthy Smoothie 177
Himbeertörtchen mit Vanille
und Minze 186
Hühnchenfrikassee 83
Hühnchen-Kräcker, tropische 109
Hühnerbrust mit Ratatouille-Gemüse 98
Hummus 142 143

J

Jakobsmuscheln, gebratene, und
 Salbei-Tagliatelle 146

K

Kandierte Früchte mit Olivenöl 181
Karamellisierte Feigen in Marsala 161
Kartoffelfravolina 69
Kartoffelgulasch mit Wurst 64
Käse-Sandwich 30
Ketchup 41 49 58
Kokos-Himbeer-Smoothie 167 177
Köttbullar 121
Kräcker, Hühnchen-, tropische 109
Kräuterhähnchen, pikantes 70
Kürbis-Flammkuchen mit Rucola und
 Parmaschinken 133
Kürbis-Kokos-Suppe mit Ingwer 153
Kürbis-Tortilla 26

L

Lachsburger mit Rohkost 53
Lachs, Stremel-, mit
 Orangen-Fenchel-Salat 158
Lammburger mit
 Petersilie-Fetacreme 50
Lammchops mit Wildkräutersalat 105
Lammfleisch-Lahmacun de luxe 150
Lasagne, Spinat-Ricotta-, mit
 Tomatensauce 130

Linseneintopf wie bei Muttern 74
Liquid Chocolate
 Cake 185
Love Food
 Absolut-Gazpacho 141
 Asiatische Weißkohl-
 Möhren-Pfanne
 mit Kokosmilch 154
 Baguette für Feinschmecker
 mit Schinken 149
 Bunter Salat mit Thunfisch und
 Brotchips 162
 Entrecôte auf
 Schwarzwurzelfravolina 157
 Gebratene Jakobsmuscheln und
 Salbei-Tagliatelle 146
 Karamellisierte Feigen in
 Marsala 161
 Kürbis-Kokos-Suppe mit Ingwer 153
 Lammfleisch-Lahmacun de luxe 150
 Orientalische Falafeln mit
 Fenchelöl 142
 Stremellachs mit
 Orangen-Fenchel-Salat 158
Löwenzahnsalat mit
 Pfirsich 113

M

Mango-Carpaccio mit
 Serranoschinken 17
Mangotatar 46
Mediterrane Hähnchenschenkel 129

O

Orangen-Fenchel-Salat 158
Orientalische Falafeln mit
 Fenchelöl 142

P

Pasta meets Egg 80

Petersilie-Fetacreme 50
Pikantes Kräuterhähnchen 70
Pizza, Veggie-, mit Thai-Spargel 137
Potato Wedges mit Handmade-
 Ketchup 58
Power-Snack mit Ei und Schinken 22
Putenbrust-Wrap mit Ajwar 25

Q

Quarknockerln mit Butterbröseln und
 Fruchtmus 169

R

Ratatouille-Gemüse 98
Rotes Thai-Curry mit Jasminreis 97
Rotkohl-Sesam-Salat 73
Rührei, Schnittlauch-Krabben- 110

S

Saftiger Cheeseburger 49
Saiblingsfilet an
 Erbsen-Minz-Püree 94
Salate
 Avocado-Grapefruit-Salat mit
 Basilikum 21
 Bunter Salat mit Thunfisch und
 Brotchips 162
 Löwenzahnsalat mit
 Pfirsich 113
 Orangen-Fenchel-Salat 158
 Rotkohl-Sesam-Salat 73
 Wildkräutersalat 42 46 105
Salbei-Tagliatelle 146
Sandwich Caprese-Style 34
Sandwiches
 Sandwich Caprese-Style 34
 Schnelles Käse-Sandwich 30
Schinkenfleckerln, überbackene 67
Schinken-Tortilla mit Senf 33
Schnelles Käse-Sandwich 30

Schnittlauch-Krabben-Rührei 110
Schwarzwurzelfravolina 157
Schweinebraten à la Grandma 84
Seelachsfilet mit Pak Choi und Couscous 101
Senföl 90
Shape Food
   Ceviche mit Paprika und Senföl 90
   Dinkelbrot mit Schnittlauch-Krabben-Rührei 110
   Fischcurry mit Champignons 93
   Fischfilet in Pergamentpapier 106
   Fitness-Dinkelvollkornpasta all'arrabbiata 102
   Hühnerbrust mit Ratatouille-Gemüse 98
   Lammchops mit Wildkräutersalat 105
   Löwenzahnsalat mit Pfirsich und Serranoschinken 113
   Rotes Thai-Curry mit Jasminreis 97
   Saiblingsfilet an Erbsen-Minz-Püree 94
   Seelachsfilet mit Pak Choi und Couscous 101
   Thunfischtatar mit Avocado und Shiitake 114
   Tropische Hühnchen-Kräcker 109
Smoothies
   Healthy Smoothie 177
   Kokos-Himbeer-Smoothie 167 177
   Tropical Smoothie mit Petersilie 178
Spinat-Kokos-Suppe 37
Spinat-Ricotta-Lasagne mit Tomatensauce 130
Starters 'n' Snacks
   Avocado-Grapefruit-Salat mit Basilikum 21
   Currylinsen mit gebratenen Garnelen 18
   Handmade-Frühlingsrollen 29
   Handmade-Kürbis-Tortilla 26
   Mango-Carpaccio mit Serranoschinken 17
   Power-Snack mit Ei und Schinken 22
   Putenbrust-Wrap mit Ajwar 25
   Sandwich Caprese-Style 34
   Schinken-Tortilla mit Senf 33
   Schnelles Käse-Sandwich 30
   Spinat-Kokos-Suppe 37
Stremellachs mit Orangen-Fenchel-Salat 158
Suppen
   Kürbis-Kokos-Suppe mit Ingwer 153
   Spinat-Kokos-Suppe 37
Sweets 'n' Drinks
   Crème brûlée 182
   Fruit Dream 174
   Grießschmarren mit Apfelmus 170
   Handmade-Eistee 173
   Healthy Smoothie 177
   Himbeertörtchen mit Vanille und Minze 186
   Kandierte Früchte mit Olivenöl 181
   Kokos-Himbeer-Smoothie 167 177
   Liquid Chocolate Cake 185
   Quarknockerln mit Butterbröseln und Fruchtmus 169
   Tropical Smoothie mit Petersilie 178

T

Tahinjoghurt 142 143
Tatar, Thunfisch-, mit Avocado und Shiitake 114
Thai-Curry, rotes, mit Jasminreis 97
Thunfischtatar mit Avocado und Shiitake 114
Thunfisch-Wrap mit Rohkost 57
Tomatensalat 126
Tomatensauce 130
Tortillas
   Handmade-Kürbis-Tortilla 26
   Schinken-Tortilla mit Senf 33
Tropical Smoothie mit Petersilie 178
Tropische Hühnchen-Kräcker 109

U

Überbackene Schinkenfleckerln 67

V

Veggieburger 45
Veggieburger mit Grillgemüse 45
Veggie-Pizza mit Thai-Spargel 137

W

Weißkohl-Möhren-Pfanne, asiatische, mit Kokosmilch 154
WG-Food
   Antipasti mit Extradip 122
   Chili con carne 134
   Gefüllte überbackene Avocado 126
   Gemüseeintopf 118
   Köttbullar 121
   Kürbis-Flammkuchen mit Rucola und Parmaschinken 133
   Mediterrane Hähnchenschenkel 129
   Spinat-Ricotta-Lasagne mit Tomatensauce 130
   Veggie-Pizza mit Thai-Spargel 137
   Zwiebelkuchen 125
Wildkräutersalat 42 46 105
Wraps
   Putenbrust-Wrap mit Ajwar 25
   Thunfisch-Wrap mit Rohkost 57

Z

Zwiebelkuchen 125

IMPRESSUM

Der Autor und der Verlag danken allen Beteiligten, die durch ihre Mithilfe und Unterstützung zum Gelingen dieses Buches beigetragen haben. Für die unermüdlichen Bemühungen um die außerordentliche Qualität dieses Buches danken wir als Verlag unseren Mitarbeitern Justyna Krzyżanowska, Johanna Hänichen, Melanie Müller-Illigen, Philine Anastasopoulos, Ellen Schlüter, Anne Krause, Katharina Staal, Christine Zimmer, Valerie Mayer und Katerina Stegemann.

Originalausgabe Becker Joest Volk Verlag GmbH & Co. KG
Bahnhofsallee 5, 40721 Hilden, Deutschland
© 2016 – alle Rechte vorbehalten
1. Auflage März 2016
ISBN 978-3-95453-097-7

Autor Jan-Philipp Cleusters
Rezepte Jan-Philipp Cleusters
Texte Jan-Philipp Cleusters in Zusammenarbeit mit Michael Laschet
Fotografie Rezepte und Porträts Justyna Krzyżanowska
Titelfoto Christian Affonso Gavinha, München, www.gavinha.com
Fotoassistenz Philine Anastasopoulos, Ellen Schlüter
Foodstyling Michael Schlemmer
Projektleitung Johanna Hänichen
Layout und Satz Melanie Müller-Illigen
Bildbearbeitung und Lithografie
Ellen Schlüter und Makro Chroma Joest & Volk OHG, Werbeagentur
Lektorat Rezepte Bettina Snowdon
Lektorat Doreen Köstler
Druck Firmengruppe Appl, aprinta druck GmbH

Praktisch: Die Einkaufslisten zu den Rezepten aus diesem Buch können Sie unter www.bjvvlinks.de/1012 für die gewünschte Personenzahl berechnen und für Ihren Einkauf ausdrucken.

BECKER JOEST VOLK VERLAG
www.bjvv.de